EVANGELIO DE MARCOS

ANTONIO RODRÍGUEZ CARMONA

EVANGELIO DE MARCOS

2ª edición

Comentarios a la
Nueva Biblia de
Jerusalén

Desclée De Brouwer

CONSEJO ASESOR:

Víctor Morla
Santiago García

ÍNDICE

SEGUNDA PARTE:
JESÚS ES HIJO DE DIOS. NATURALEZA DEL MESIANISMO DE JESÚS (8,31 – 16,8)

INTRODUCCIÓN

El Evangelio de san Marcos ha tenido una suerte cambiante. Ignorado durante siglos, a partir del siglo XIX ha pasado a ser una obra muy valorada, como el testimonio más antiguo que poseemos sobre Jesús. Escrito hacia el año 70, fue bien recibido por la Iglesia primitiva como auténtico testimonio apostólico sobre Jesús; por ello, en el siglo II, cuando se plantea el problema de los libros que contienen la palabra de Dios, se le admite sin dudas en la lista de libros sagrados o canon. Pero pronto fue desplazado por el Evangelio de san Mateo, debido, entre otras causas, al testimonio de san Agustín, quien afirmó que Marcos era un resumen de Mateo (*De consensu evangelistarum*, PL XXXIV 1044), lo que se tradujo en la práctica en un mayor uso de Mateo y en un temporal olvido de Marcos. Prueba de ello es que apenas aparece citado por los antiguos Padres Apostólicos y Apologetas y que fueron muy pocos los autores que en la Edad Media y Moderna le dedicaran un comentario. Lo normal era comentar Mateo y, al final, a modo de apéndice, añadir un breve comentario a los pocos episodios de Marcos que no narra Mateo. El antiguo leccionario dominical litúrgico, anterior al del Vaticano II, era testigo de la falta de estima por este evangelio. El cambio se produjo en el siglo XVIII, con la Ilustración, cuando, con el deseo de conocer al auténtico Jesús, que según ellos había sido secuestrado por los dogmas de las grandes Iglesias, comienzan a ser estudiados los evangelios con solo medios racionales, prescindiendo de la doctrina tradicional de las Iglesias. En este contexto se plantea el problema sinóptico, consistente en explicar la concordancia en la discordancia de Mateo, Marcos y Lucas, es decir, el parecido existente entre estos tres evangelios, junto a muchas diferencias. Se propusieron muchas hipótesis, entre las que tuvo mucho éxito la llamada *Teoría de las dos fuentes,* según la cual Marcos y una colección de sentencias de Jesús fueron los primeros escritos, de los que dependen Mateo y Lucas. Según esto, la obra de Marcos sería el evangelio más antiguo y, por ello, la fuente más antigua para conocer al Jesús de la historia, con lo que su estudio pasó a un primer plano, lugar que sigue ocupando hoy día, aunque en un contexto menos polémico que el de la Ilustración racionalista, y más ecuménico y científico. En los comienzos del tercer milenio la obra de Marcos es objeto de múltiples estudios, realizados con diversos métodos históricos-críticos y literarios; y, aunque no se ha llegado a posturas unánimes, muy difíciles en este campo, sí se ha alcanzado cierto consenso genérico mayoritario en torno al carácter general de Marcos.

La obra de Marcos hay que situarla al final de un proceso que comienza en Jesús de Nazaret, sigue con la predicación oral de los apóstoles testigos, continúa con una tradición escrita en que de diversas formas se ponen por escrito en contexto catequético los hechos y dichos de Jesús y culmina con la aparición de los evangelios (ver Lc 1,1-4). Entre éstos se encuentra el de Marcos, que desarrolla en función de sus intereses pastorales el esquema de predicación apostólica que aparece en Hch 10 37-43: bautismo administrado por Juan, en cuyo contexto Jesús recibe el Espíritu y es ungido como Mesías; actividad taumatúrgica de Cristo en el país de los judíos; su crucifixión, seguida de su resurrección y de sus apariciones a algunos discípulos privilegiados. Y todo ello garantizado por el testimonio de los apóstoles.

El autor del segundo evangelio es un catequista cristiano que, hacia el año 70, recoge esta tradición y la elabora para dar respuesta a problemas que se planteaban a unas comunidades primitivas, situadas posiblemente en Roma o en su entorno. Se trataba de unas comunidades que estaban viviendo una crisis de fe, debida a la oposición que experimentaban entre la fe que profesaban y la experiencia que vivían. Por una parte, confesaban a Jesús como el Mesías, Señor, Hijo de Dios, y, por otra no experimentaban este señorío y poder en la historia concreta, que parecía contradecirlo. Y todo esto en un ambiente dominado por el culto al emperador, cuyas gestas se calificaban como *evangelio,* buena noticia salvadora en un sistema caracterizado por el poder y la violencia. Marcos diagnostica bien la situación: la comunidad sufría una crisis de tipo cristológico, causada por una falsa concepción de Jesús, Mesías e Hijo de Dios, títulos que concebían de una forma triunfalista. Jesús es el poderoso que arregla todos los problemas, visión que choca con la realidad. Marcos pretende en su obra corregir esta visión de Jesús, invitando al lector a plantearse el conocimiento del auténtico Jesús. ¿Quién es Jesús? Es la pregunta en torno a la que gira toda su obra.

Para dar respuesta a esta pregunta, parte del título *evangelio*, que la opinión pública atribuía al emperador romano. La *buena noticia* era todo lo referente al emperador y a su imperio, fundados en la fuerza. A esta concepción de evangelio opone Marcos otra, inspirada en el Segundo Isaías (Is 40-56), según la cual la *buena noticia* que hay que anunciar es que *Dios reinará*, pero no triunfalmente, sino como *Dios oculto*. Siguiendo a Jesús, que denomina su misión *evangelizar a los pobres* (ver Mt 11,5//Lc 7,22), y a Pablo, que aplica esta promesa a Jesús, Marcos presenta a Jesús como el auténtico *evangelio*. Por ello comienza su obra con la afirmación general de que el *evangelio* es Jesús de Nazaret en cuanto que es Mesías, que proclama y trae el reino de Dios, e Hijo de Dios (Mc 1,1). Ahora bien, la actuación que compete al Hijo de Dios es la debilidad, no el triunfalismo (ver 15,39). Para desarrollar esta afirmación, emplea la tradición de hechos y dichos de Jesús que transmite la Iglesia apostólica, de la que selecciona todo aquello que le sirve para su finalidad. El resultado es una obra que comienza con una afirmación general (1,1), seguida de un prólogo teológico (1,2-13) y un desarrollo en dos grandes partes: una que culmina en la confesión de Pedro (8,29), en la que muestra que Jesús es el Mesías, y otra en la que explica que este mesianismo no es triunfalista, sino el que compete al Hijo de Dios, consistente en dar la vida por los demás, y que culmina con la confesión del centurión (15,39): «Al ver el centurión, que estaba frente a él, que había expirado de esa manera, dijo: "Verdaderamente este hombre era hijo de Dios"».

Jesús, pues, es el Evangelio. Esto es lo que debe comprender existencialmente su comunidad; y, como se trata básicamente de un problema de conocimiento, se dirige a ella con la categoría de discipulado. Los discípulos de Jesús se convierten así en el tipo de los cristianos de su tiempo. Puesto que el pasado es fundamento y tipo del presente, Marcos, al montar su catequesis sobre los datos básicos del hecho-Jesús, estructura el conjunto de sus materiales en torno a la tragedia de la revelación de Jesús, Mesías, Hijo de Dios, frente al que se sitúa la postura y respuesta de tres grupos-tipo: los discípulos, la masa y los dirigentes, que representan respectivamente a su comunidad y al contexto socio-religioso que la rodea: la religiosidad popular judía y pagana, por una parte, y el mundo del poder cultural, religioso y político, por otra. Ahora bien, de estos tres actores, los discípulos y su respuesta es lo que más interesa a Marcos y a lo que dedica mayor atención, pues es el grupo que personifica el problema de su comunidad. Tanto la estructura del conjunto como los grandes temas teológicos de la obra intentan iluminar esta problemática.

1. ESTRUCTURA DEL CONJUNTO

El conjunto está estructurado en dos partes, de acuerdo con las dos facetas de Evangelio: Mesías e Hijo de Dios. Las subdivisiones están determinadas por las diversas reacciones ante esta revelación, especialmente las de los discípulos.

• **Introducción** (1,1-13). **Título** (1,1): la promesa-evangelio se cumple en Jesús de Nazaret, en cuanto que es el Mesías que proclama y trae el Reino de Dios del modo que compete al Hijo de Dios. **Prólogo teológico** (1,2-13): tríptico introductorio, en el que se ofrecen datos previos para plantearse el problema de la identidad de Jesús.

• **Primera parte** (1,14 – 8,30): ¿Quien es Jesús? o el Misterio del Mesías. Tres tipos básicos de respuesta ante la revelación de Jesús:

A. *Jesús y los fariseos* (1,14 – 3,6):
  – Introducción: presentación de Jesús y los discípulos. Jesús heraldo comienza a proclamar la llegada del Reino de Dios, comienzo del cumplimiento de la promesa Evangelio. El primer signo de este hecho es la llamada de los primeros discípulos (1,14s.16-20).
  – Jesús, acompañado por sus discípulos, se revela en Cafarnaún y toda Galilea (1,21-45).
  – Los escribas y fariseos lo rechazan (2,1-3,6).

B. *Jesús y el pueblo* (3,7 – 6,6a):
  – Introducción: presentación de Jesús y los discípulos rodeados por la masa en actitud religioso-popular mágica. En este contexto Jesús elige a los Doce (3,7-19).

– Jesús, acompañado por los discípulos, se revela. Diversas reacciones populares, en las que predomina la incredulidad. Las parábolas explican la razón de la incredulidad (3,20 – 5,43).
– Los nazaretanos, tipo de la masa, lo rechazan (6,1-6a).

C. *Jesús y los discípulos* (6,6b – 8,30):
– Introducción: Jesús-misionero envía a los Doce en misión (6,6b-13).
– Intermedio: opiniones sobre Jesús (6,14-29).
– Jesús se revela especialmente a sus discípulos, que aparecen torpes, en contraste con la fe popular; pero poco a poco se les van abriendo los ojos y oídos (6,30 – 8,26).
– Pedro, en nombre de los discípulos, reconoce a Jesús como Mesías. (8,27-30).

• **Segunda parte** (8,31 – 16,8): ¿Cómo es Mesías? o el Misterio del Hijo del hombre. El problema que tienen los destinatarios de Marcos no es aceptar el mesianismo de Jesús, sino la modalidad de este mesianismo. Marcos va a explicar que es un mesianismo de muerte y resurrección. Consta de tres secciones:

A. *Catequesis a los discípulos sobre el modo del mesianismo*, jalonada por los tres anuncios de la muerte y resurrección (anuncio perfecto: ver el simbolismo del número 3), a base de la ética que condiciona la comprensión de este tipo de mesianismo. Los discípulos no comprenden (8,31 – 10,52).

B. *El juicio de Jerusalén*. Jesús, acompañado por sus discípulos, proclama el Reino de Dios de forma simbólica en Jerusalén: entra en la ciudad y su templo, y lo descalifica. Los diversos grupos dirigentes religiosos y políticos se le oponen. Deciden matarle porque descalifica el templo y se presenta como el Hijo (11-13).

C. *Proclamación de la pasión, muerte y resurrección de Jesús*. Los discípulos lo abandonan. Jesús, muriendo, se revela como Hijo de Dios, pero sólo lo reconoce un centurión romano. El Resucitado convoca a Pedro y a los discípulos en Galilea, donde lo verán (14,1 – 16,8).

Un **apéndice** (16,9-20), añadido muy pronto a la obra, resume algunas apariciones de Jesús resucitado y termina con el mandato misionero universal. La Iglesia lo reconoce como inspirado y canónico.

2. GRANDES TEMAS TEOLÓGICOS MARQUIANOS

En una visión de conjunto se destacan cuatro: a) Jesús, Evangelio; b) Mesías, que trae el Reino de Dios; c) Hijo de Dios; d) creador del discipulado:

A. **Evangelio**, como concepto teológico técnico, es una creación del Segundo Isaías (discípulo de Isaías cuyos escritos están contenidos en Is 40-55) y consiste en una promesa según la cual Dios reinará como Dios Oculto. Jesús se definió a sí mismo como Evangelizador (Mt 11,5) y la catequesis de la Iglesia primitiva, especialmente Pablo, continuó en esta línea, desarrollándola. En este contexto se sitúa la obra de Marcos, que hace de esta afirmación el objeto central de su obra catequética, haciendo ver que Evangelio es Jesús, en cuanto que en él se cumplen los dos elementos de la promesa, es decir, es el Mesías que trae el Reino y lo hace como Dios oculto en una auténtica existencia humana, y, por ello, en la aparente debilidad. En consecuencia, desde el punto de vista de la finalidad catequética de la obra, Marcos es el único Evangelio. Más tarde también se dará este nombre a las obras de Mateo, Lucas y Juan, en cuanto que coinciden con Marcos en el uso de un lenguaje teológico narrativo, tomado de la tradición de los hechos y dichos de Jesús. Pero en este caso la palabra Evangelio ya no designa una promesa cumplida en Jesús, sino que es un concepto literario. Evangelio, pues, es el concepto central de la cristología de Marcos, con el que pretende ayudar a sus lectores a conocer en profundidad a Jesús y superar así posibles crisis de fe sobre su modo de actuar.

B. **Mesías.** Jesús es el Mesías, el ungido y capacitado por el Espíritu (1,9-11) para vencer al Fuerte (1,12-13) y proclamar el Reino de Dios. La acción mesiánica de Jesús está totalmente al servicio del Reino de Dios. Por una parte, es el heraldo que lo proclama con palabras y realiza los signos de su presencia (exorcismos, perdón, discipulado, curaciones, revivificaciones de muertos); por otra, es el enviado que lo realiza en su persona, convirtiéndose a sí mismo en *autobasileia* (Orígenes), es decir, personificación del Reino. De este modo, ya no es un proyecto o una teoría, sino una persona (9,1). Por ello, aceptarle a él es recibir el Reino (1,15). Marcos subraya esta vinculación entre Reino de Dios y Jesús-Dios Oculto, que lo proclama y hace presente primero en la debilidad y después en poder. El conocimiento y aceptación de la debilidad del presente es fundamental para poder conocer a Jesús y su obra. Históricamente Jesús fue rechazado por los que tenían una visión triunfalista del Reino, y hoy día continúa este peligro.

C. **Hijo de Dios.** Jesús es Hijo de Dios. Al comienzo de su obra (1,1) Marcos anuncia que va a presentar a Jesús como Hijo de Dios, y al final (15,39) pone en labios del centurión romano una confesión según la cual Jesús revela su cualidad divina muriendo. La muerte, pues, es la gran revelación divina de Jesús. Esta forma de presentar a Jesús es constante en toda la obra, en la se afirma que es una persona divina que comparte la divinidad de forma filial. Explícitamente Jesús aparece como Hijo de Dios en 12,6.12; 13,32; 14,36.61; implícitamente se insinúa de diversas formas: temas del Maestro-que-habla-con-poder y llama a un seguimiento total, de Jesús como *autobasileia*, de su pretensión de ser superior al Templo. Según Marcos, ser hijo es tener una relación de carácter único, íntimo, cordial con Dios, cuyo poder comparte y con cuya voluntad se identifica: la realiza, proclama y defiende. Por ello implica una misión a los hombres, entre los que realiza la voluntad poderosa y amorosa de Dios, el Reino, en la forma que compete a lo divino, es decir, en la debilidad, que revela la fuerza de la autodonación divina. Ésta no pretende destruir al hombre libre, irrumpiendo violentamente e imponiéndose a su voluntad, sino que se ofrece a la libertad humana, pidiendo ser aceptada libremente y por amor. Para esto el único camino es la debilidad. Por ello, Jesús se revela como Dios Oculto, que vive una auténtica existencia humana en la debilidad, tema que subraya Marcos de diversas formas, como en las reacciones humanas de Jesús, en las alusiones al Siervo de Yahvé, en el hecho de que Jesús se llama Hijo del hombre, etc. Un autor ha llamado a la obra de Marcos "epifanía oculta" o revelación oculta: Dios se revela oculto en una auténtica existencia humana. Ésta es su forma normal de actuar, y no manifestándose de forma triunfalista, como esperaban los destinatarios de esta catequesis.

D. **Discipulado.** Los discípulos forman un grupo cristológico, escatológico y misionero, y, en cuanto tal, muestran lo que tiene que ser la Iglesia. Es un grupo cristológico, porque ha sido creado por Jesús y tiene como tarea fundamental conocerle y seguirle. Es escatológico, porque es un signo del Reino presente y están a su servicio. Es misionero, porque han de colaborar con la obra de Jesús con su vida, palabras y obras. Todo esto está íntimamente unido. Ser misionero y signo del Reino implica conocer a Jesús, estar con él y seguirle. De aquí la necesidad de vivir la ética que condiciona el conocimiento de Jesús y la vida fraternal, ética totalmente necesaria, pues la comunidad, a pesar del don de la fraternidad y del conocimiento, está siempre expuesta al peligro de la división e incomprensión: positivamente consiste en negarse a sí mismo y tomar la cruz de Jesús, y en optar por el servicio, por los pequeños, por la paz, por la vivencia fraternal de la sexualidad, y por el compartir; negativamente supone renunciar a la ambición de ser y tener. Todo esto es posible con la fe y la oración. La comunidad a la que se dirige Marcos sufre dificultades, por no haber asumido esta ética. Por ello, el evangelista subraya su importancia. Esto también explica el que este escrito catequético no preste atención a otros aspectos eclesiales: aunque los Doce con Pedro han recibido una misión especial, Marcos no la describe, sino que subraya el carácter de modelo del discipulado que les ha dado Jesús.

3. TESTIMONIO DE PAPÍAS

El testimonio más antiguo que tenemos sobre la composición de los evangelios canónicos es el de Papías, obispo de Hierápolis, en Frigia, que escribió hacia el 130 una «Interpretación (exégesis) de los Oráculos del Señor», en cinco libros. Esta obra se perdió hace mucho tiempo, pero el historiador Eusebio de Cesarea nos ha conservado de ella los dos pasajes siguientes: «Y el Anciano decía: Marcos, que fue el intérprete de Pedro, puso por escrito cuidadosamente todo aquello de lo que guardaba memoria, aunque sin ajustarse al orden de las cosas que el Señor había dicho y realizado. En efecto, a quien él escuchó o acompañó no fue al Señor, sino a Pedro más tarde, como ya he dicho. Éste procedía según las conveniencias de su enseñanza y no como si quisiera dar la ordenanza de los oráculos del Señor. Por tanto, no se puede censurar a Marcos el haberlos redactado del modo como él los recordaba. Su única preocupación fue no omitir nada de lo que había oído, sin permitirse ninguna falsedad en ello». Hoy día las posturas ante este testimonio son divergentes: (1) hasta el siglo XIX ha sido considerado literalmente histórico, de acuerdo con la tradición griega, latina e incluso siríaca (Efrén), que no harán más que repetir este testimonio, añadiendo algunos detalles. Suelen identificar a Marcos con el "hijo de Pedro" (1 Pe 5,13) y con el Marcos o Juan Marcos o Juan, compañero de Pablo (sobre Juan: Hch 13,5.13; Marcos: Hch 15,39; Col 4,10; Flm 24; 2 Tm 4,11; 1 P 5,13; Juan Marcos: Hch 12,12.25; 15, 37). Esta postura es mantenida en nuestros días por algunos sectores. (2) Frente a este punto de vista se alzó el sector crítico, que le negó todo valor histórico, a la luz de todos los datos aportados por la crítica moderna. Para este sector, Marcos no recoge la predicación de Pedro, sino que el evangelio es obra de un redactor, que elabora diversas fuentes. El autor pudo llamarse Marcos, aunque es discutible que se identifique con Juan Marcos. La noticia fue inventada por Papías en su lucha contra los gnósticos en Asia Menor, inspirándose en la cita de 1 Pe 5,13, con la finalidad de prestigiar el segundo evangelio. (3) Valor sustancial. Una tercera postura, intermedia y mayoritaria hoy día, advierte que, a la luz del análisis interno de la obra no se puede sostener que haya sido redactada al dictado de Pedro o recogiendo su predicación. La obra supone una tradición oral y escrita previa, que elabora el autor en función de unos problemas que quiere iluminar. Sin embargo, hay que admitir un valor sustancial al testimonio de Papías, en el sentido de que el autor se llamaba Marcos, que su obra tiene carácter catequético y que está fundamentada en la tradición apostólica. Pero, a partir de aquí, se dividen las opiniones, discutiéndose si hay que identificar a Marcos con el citado en Hechos de los Apóstoles, Cartas de Pablo y 1 Pedro y si hay indicios válidos que muestren una relación de Marcos con Pedro.

En cuanto al lugar de composición, la mayor parte de los exégetas se inclinan por Roma, de acuerdo con la tradición.

PRÓLOGO TEOLÓGICO:
TÍTULO Y PREDICACIÓN DE JUAN BAUTISTA
(1,1-13)

Título y predicación de Juan el Bautista (1,1-8)
(Mt 3,1-12; Lc 3,3-18)

1 ¹Comienzo del Evangelio de Jesús, el Cristo, Hijo de Dios. ²Conforme está escrito en Isaías el profeta:
Mira, envío mi mensajero delante de ti,
el que ha de preparar tu camino.
³*Voz del que clama en el desierto:*
Preparad el camino del Señor,
enderezad sus sendas,
⁴apareció Juan bautizando en el desierto, proclamando un bautismo de conversión para perdón de los pecados. ⁵Acudía a él gente de toda la región de Judea y todos los de Jerusalén, y eran bautizados por él en el río Jordán, confesando sus pecados.
⁶Juan llevaba un vestido de piel de camello; y se alimentaba de langostas y miel silvestre. ⁷Y proclamaba: «Detrás de mí viene el que es más fuerte que yo; y no soy digno de desatarle, inclinándome, la correa de sus sandalias. ⁸Yo os he bautizado con agua, pero él os bautizará con Espíritu Santo».

V. 1 Otros manuscritos omiten «Hijo de Dios».
V. 6 Otros: «Juan llevaba un vestido de piel de camello y un cinturón de cuero a sus lomos» (ver Mt 3,4).

El título de la obra presenta el tema que Marcos quiere desarrollar: el Evangelio es Jesús de Nazaret. Evangelio es la palabra que resume en la Iglesia primitiva todo el mensaje cristiano que vive y tiene que proclamar en todo el mundo (13,10; 14,9). Marcos comienza explicitando el contenido de este Evangelio: es una persona, Jesús, en cuanto que es el Cristo e Hijo de Dios. Evangelio es una palabra que designa normalmente el contenido del mensaje cristiano y al libro que lo contiene, pero Marcos se remonta aquí al sentido primitivo de la palabra, que aparece en el Segundo Isaías (Is 40-55), donde «evangelizar» se refiere a una buena noticia concreta: la promesa de que Dios va a reinar, pero no de forma triunfalista, sino como Dios oculto (Is 40,9; 41,27; 52,7; 45,15). Afirma que esta promesa se cumple en Jesús de Nazaret, en cuanto que es el Cristo que proclama y trae el Reino de la forma que compete al que es Hijo de Dios, y ésta es la debilidad, no la fuerza impositiva y triunfalista, como opinaban algunos. La obra de Marcos, pues, pretende ser una cristología correctiva contra falsas concepciones de la obra de Jesús. Cristo es la traducción griega del término hebreo *ma_iaj* (Mesías), literalmente Ungido. En el AT se refiere a las personas que son capacitadas por Dios para una tarea particular en favor de su pueblo. Se exteriorizaba esta capacitación ungiendo con óleo a la personaen cuestión. El título se aplicó primero al rey (Sal 2,2), pero después también al profeta, al sumo sacerdote y, especialmente, al futuro ungido que Dios enviará para salvar a su pueblo, el Mesías. En tiempos de Jesús se esperaba su llegada, aunque se concebía su tarea de diversas formas. Marcos invita al lector a entenderla correctamente. En cuanto al título Hijo de Dios, en el AT se emplea en sentido funcional, designando a una persona que recibe su misión de Dios, que le capacita y protege, y del que debe depender estrechamente y estar unido, identificándose con su voluntad. Se aplica primero al rey (ver 2 S 7,14-16; Sal 2,7), pero más tarde se extiende a todos los justos que viven de acuerdo con la voluntad de Dios (ver Sb 2,18). La Iglesia primitiva, y aquí Marcos, lo aplica a Jesús, que realizó la función filial de una manera tan única que sólo puede explicarse por una filiación natural.

El relato se inicia con un "comienzo". Este término, además del sentido cronológico normal (primero de una serie), tiene aquí también sentido lógico, y equivale a "presupuesto", es decir: lo que se va a narrar a continuación es el presupuesto para entender la catequesis que va a exponer. Por ello, lo que sigue se puede titular «prólogo teológico». Éste abarca los relatos de Juan Bautista, Bautismo de Jesús y Tentación de Jesús (1,1-13). Los dos primeros aparecen en la predicación básica de la Iglesia primitiva (ver Hch 10,38: [Vosotros sabéis lo acontecido en toda Judea, comenzando por la Galilea,] después del bautismo predicado por Juan, esto es, cómo a Jesús de Nazaret le ungió Dios con el poder del Espíritu Santo, [y cómo pasó haciendo bien...]). El tercero lo añade Marcos. El autor, pues, comienza su catequesis declarando la finalidad que persigue y exponiendo los presupuestos que debe tener el lector para comprenderla.

El comienzo del cumplimiento de la promesa "Evangelio" empieza cronológicamente a cumplirse con la obra de Juan Bautista, que tiene, además, carácter de primer presupuesto para acogerlo: aceptar el mensaje de Juan Bautista, que se convierte así en precursor de Jesús en todos los tiempos. Este mensaje básicamente es doble: esperanza en Dios fiel, que cumple sus promesas, y conversión, pues sólo una persona que espera y se convierte puede aceptar a Jesús como Mesías e Hijo de Dios. La importancia de este presupuesto explica el que forme parte de la predicación básica de la Iglesia primitiva.

Primero se trata de avivar la esperanza en Dios fiel. Marcos expone el tema de la fidelidad citando explícitamente el texto que se cumple (Is 40,3), e implícitamente aludiendo al vestido y comida de Juan, que coinciden con los de Elías (ver 2 R 1,8; 2,8.13ss; Za 13,4), sugiriendo así que Juan es el Elías que había de venir (ver Ml 3,22), de acuerdo con la tradición cristiana que identificó a Juan con Elías (ver Mt 17,13). Como Elías, Juan sólo sirve a Dios, sugiriéndose así la importancia que tiene aquel a quien prepara el camino. Presentar a Juan como cumplimiento es indicar al lector que su obra no es un simple accidente histórico, sino que se inserta dentro de una Historia de la Salvación, puesta en marcha por Dios que promete y cumple. Por eso Marcos introduce el texto de Isaías con otra cita (Ml 3,1), que habla de las palabras dirigidas por Dios al Mesías anunciándole que ya envía al precursor para que le prepare el camino. La obra de Jesús tiene así carácter de diálogo: el Padre le invita y él obedece como siervo. En la cita de Malaquías, Marcos ha cambiado en el texto original las palabras (envío mi mensajero delante de) «mí», por «ti», sugiriendo así desde el primer momento que en Jesús Dios se hace presente, Dios viene a su pueblo.

El tema segundo es la conversión o "vuelta" a Dios y los hermanos para conseguir el perdón de Dios, renunciando a una vida centrada en los propios egoísmos. La idea aparece directamente en la predicación de Juan Bautista, centrada en la invitación a la conversión, que se manifiesta externamente en la confesión de los pecados y en el bautismo que administra, durante el cual el que lo recibía manifestaba su condición de pecador y su esperanza en la misericordia de Dios. También se sugiere ese aspecto indirectamente, en la alusión al desierto, lugar geográfico (ver Mt 11,7), pero también lugar teológico de la conversión, en el que el hombre experimenta su pobreza y la necesidad de depender de Dios (ver 8,2ss).

A estos dos temas básicos añade Marcos un tercero de tipo apologético, en el que Juan Bautista proclama que Jesús y su bautismo son superiores a él y al bautismo que administra. Jesús es el más fuerte, y él es indigno de realizar ante él la tarea de un esclavo, como es desatar las correas de la sandalia. En cuanto a los bautismos, el de Jesús es con el Espíritu Santo, propio de los tiempos escatológicos; el suyo, en cambio, es con agua, que sólo tiene un significado simbólico. Se trata de un tema que se desarrolló en la Iglesia primitiva para oponerse a las pretensiones de algunos discípulos de Juan, que no reconocieron la obra de Jesús y seguían administrando el bautismo de Juan, dando lugar a formas religiosas eclécticas (ver Hch 18,25; 19,1-6): los que así actúan están en contra del mismo Juan. Esta presentación de Jesús como el Más Fuerte prepara el relato siguiente, también ligado a la misión de Juan.

Bautismo de Jesús (1,9-11)
(Mt 3,13-17; Lc 3,21-22)

⁹Y sucedió que por aquellos días vino Jesús desde Nazaret de Galilea, y fue bautizado por Juan en el Jordán. ¹⁰En cuanto salió del agua vio que los cielos se rasgaban y que el Espíritu, en forma de paloma, bajaba a él. ¹¹Y se oyó una voz que venía de los cielos: «Tú eres mi Hijo amado, en ti me complazco».

El segundo presupuesto que Marcos ofrece al lector es la unción mesiánica de Jesús, en el contexto de su bautismo, en la que el Padre le declara Hijo-Siervo-Profeta. Así empieza a explicar los dos títulos (Cristo e Hijo de Dios) que aparecen en el enunciado inicial (1,1). La predicación básica de la Iglesia primitiva, llamada kerygma, también reconocía la importancia de la unción mesiánica de Jesús que tuvo lugar después del bautismo (véase Hch 10,38: «cómo Dios a Jesús de Nazaret lo ungió con Espíritu Santo y con poder», y así lo capacitó para su tarea). La unción se emplea en Israel primero para ungir reyes (1 S 16,13; Jc 3,10) y más adelante se aplica también al profeta (Is 61,1-2).

Cuando Juan predicaba el bautismo de conversión, Jesús abandona Nazaret, se dirige a él y recibe su bautismo. La tradición del NT es unánime en asociar este gesto a las profecías del Siervo de Yahvé, el profeta solidario que toma sobre sí los pecados del mundo (ver Is 42,1-9; 49,1-6; 50,4-11; 52,13-53,12). Jesús recibe el bautismo porque se siente solidario con los pecadores y hace un gesto propio de este Siervo-Profeta. En este contexto, al terminar este gesto, tiene una experiencia religiosa en la que el Padre le transmite su Espíritu y lo unge como el Mesías en la línea del Profeta-Hijo-Siervo anunciado por Isaías en el primer canto del Siervo de Yahvé (Is 42,1-9). El relato de Marcos recoge una tradición de la Iglesia primitiva que había escenificado este hecho, presentando en forma plástica los datos de Is 42,1, en el que se alude a su unción con el Espíritu y a las palabras consacratorias de Dios, a la luz de la tradición de los LXX y del Targum Palestinense, que interpretan siervo como hijo. Las primeras palabras también pueden evocar el comienzo del Sal 2,7: *«Tu eres mi Hijo,* yo te he engendrado hoy», que se refiere a la entronización regia del hijo de David.

El contexto en el que tiene lugar la visión es el bautismo (1,9-10a). La unción mesiánica está relacionada con el bautismo, pero no es un efecto del mismo; viene libremente del cielo. Al salir del agua, Jesús vio que los cielos se rasgaban, lo que implica que ya es posible la relación entre el cielo y la tierra. Es la realización del ardiente deseo expresado en Is 63,19. Por los cielos abiertos desciende sobre Jesús el Espíritu de Dios, como paloma, símbolo plurivalente en el AT (poder creador [ver Gn 1,2], paz y reconciliación [ver Gn 8,8-12], pueblo de Dios [ver Cantar en su interpretación alegórica], etc.). Jesús queda así ungido con el poder de Dios. Es el Cristo o Mesías. Mientras tanto Dios, con palabras del primer poema del siervo de Yahvé (Is 42,1), lo declara ungido como Hijo Amado, añadiendo un comentario justificante: «en tí me complazco». Todo se debe a la elección gratuita de Dios.

Presentando la unción mesiánica de esta forma, Marcos ofrece al lector otro presupuesto para conocer a Jesús: es el Mesías, poseedor del Espíritu, capacitado para la salvación, pero es Mesías-Hijo-Siervo, es decir, el ungido tiene una relación íntima y única con Dios, y la ejercerá en la línea del Siervo de Yahvé. Así lo ha declarado el Padre. Marcos ofrece de esta forma una clave importante para llegar a comprender el misterio de la persona de Jesús, y presenta con más claridad lo que Juan quería decir cuando hablaba del Más Fuerte que bautizará con Espíritu Santo.

Tentaciones en el desierto (1,12-13)
(Mt 4,1-11; Lc 4,1-13)

¹²A continuación, el Espíritu le empuja al desierto, ¹³y permaneció en el desierto cuarenta días, siendo tentado por Satanás. Estaba entre los animales del campo y los ángeles le servían.

El tercer presupuesto que debe tener en cuenta el lector es el hecho de que Jesús venció la tentación. Por ello es el Más Fuerte, que ha entrado en la casa del fuerte y lo despoja de todas sus presas (ver Mc 3,27), como se va a poner de relieve a lo largo del relato, especialmente en los exorcismos. Jesús fue tentado en cuanto que era hombre libre. Como todo ser humano, estuvo sujeto a la tentación durante toda su existencia humana, pero en ella optó decididamente por la voluntad de Dios. Se trata de una realidad presente en todo su ministerio, pero la tradición evangélica subraya la tentación inicial en cuanto que implica una opción clara que determinó toda su vida y por la que murió y resucitó. Por ello, este presupuesto presenta al lector de forma global otra clave importante, relacionada con la motivación y el resultado de su obra: desde el primer momento optó por la voluntad de Dios, lo que implica que ha tomado el camino justo y que llegará a la meta.

El texto de Marcos es extremadamente breve, pero muy sugerente. El Espíritu que acaba de ungirle es el que le empuja al desierto. Se trata, por tanto, de una actividad positivamente querida por Dios, como el primer paso que debe dar el Ungido. El desierto en la tradición bíblica es lugar de preparación, de discernimiento, de prueba. Allí, durante cuarenta días, número simbólico de la preparación y la prueba (ver Dt 8,2), Jesús era tentado por Satanás, el enemigo del Reino de Dios. No se dice cuál era el objeto de la tentación, como en Mateo y Lucas, que explicitan en un diálogo que ése era el modo de realizar la misión mesiánica, motivo que aparece más adelante en Marcos cuando Jesús llama Satanás a Pedro, porque no aceptaba un mesianismo de muerte y resurrección, sino político religioso (Mc 8,33). Aquí Marcos lo presenta de forma genérica y sugiere que Jesús supera la tentación, viviendo entre animales y siendo servido por ángeles. Se trata de dos motivos que en la tradición bíblica se emplean para aludir al paraíso que será recuperado en los tiempos finales (ver para el motivo de los animales Is 11,6-8; 65,25; Os 2,18; Sal 91,13; Apocalipsis de Moisés 10,11-24; 11,24; Vita Adae et Evae 37-38; Testamento de Dan 5; Testamento de Isacar 7; Testamento de Neftalí 8; 2 Baruc 73,6). Según estos textos, cuando Adán estaba en el paraíso era señor de los animales salvajes; cuando fue arrojado, se rebelaron contra él, pero en los tiempos mesiánicos de nuevo las fieras estarán sometidas. Con relación al motivo de los ángeles, ver Sal 91,11; Vita Adae et Evae 4; Apocalipsis de Moisés 27: los ángeles servían a Adán en el paraíso, pero después lo expulsan; ahora siguen sirviendo al justo en la prueba, y en los tiempos mesiánicos lo harán de una forma especial. De este modo sugiere Marcos un paralelismo antitético entre Adán y Jesús: ambos estuvieron en el desierto, entre animales, ambos fueron tentados, pero Adán sucumbió, mientras Jesús venció; por ello, Adán es arrojado por los ángeles del paraíso, mientras que Cristo es servido por ellos. Jesús, pues, es el nuevo Adán que abre el paraíso. El mundo ya no está fatalmente en manos del Mal. Ya está todo preparado para que Jesús, el Más Fuerte, invite a los hombres a entrar en el paraíso, proclamando el comienzo del Reino de Dios (1,14-15: sumario, que sirve de final del «Prólogo teológico» y de comienzo de la sección siguiente). El ministerio será proyección de esta victoria (ver exorcismos).

PRIMERA PARTE:
JESÚS ES EL MESÍAS.
MINISTERIO DE JESÚS EN GALILEA
(1,14 – 8,30)

CAPÍTULO 1

JESÚS SE REVELA.
REACCIÓN NEGATIVA
DE ESCRIBAS Y FARISEOS
(1,14 – 3,6)

1. JESÚS SE REVELA

Resumen de la actividad de Jesús en Galilea (1,14-15)

[14]Después que Juan fue entregado, marchó Jesús a Galilea; y proclamaba el Evangelio de Dios: [15]«El tiempo se ha cumplido y el Reino de Dios está cerca; convertíos y creed en el Evangelio».

Después de la unción de Jesús con el Espíritu y de su victoria sobre Satanás, ya está todo listo para el comienzo de su obra, en la que proclamará el Reino de Dios y, a la vez e inseparablemente, irá revelando el misterio de su persona, dando lugar a diversos tipos de reacciones. Marcos divide en dos grandes partes la presentación de la obra de Jesús: una centrada en la revelación del Reino y del mesianismo de Jesús (1,14 – 8,30) y otra en la revelación del modo de este mesianismo (8,31 – 16,8).

Comienza ahora la primera parte, en la que, por un lado, presenta hechos y dichos de Jesús, reveladores de su persona y su obra, invitando a los lectores a profundizar en el conocimiento del Reino de Dios y en el mesianismo de Jesús; por otro, ofrece los distintos tipos de respuestas típicas que se dieron entonces y se siguen dando hoy, las negativas de los fariseos-escribas y de la mayor parte de la masa popular, y la positiva de los discípulos. Con ello, de acuerdo con su objetivo de escribir una "cristología correctiva", quiere hacer ver que en la medida en que el lector actual se sitúe en la línea de los discípulos, conocerá a Jesús, mientras que en la medida en que lo haga en las encarnadas por escribas-fariseos y el pueblo, nunca podrá llegar a conocerle.

Se abre la primera parte con un sumario de la actividad de Jesús en Galilea (1,14-15). Se trata de un breve texto programático, compuesto por Marcos a base de tradiciones que se remontan a Jesús, para resumir la actividad de éste en Galilea. Está centrado en una declaración de Jesús, enmarcada en un contexto cronológico y topográfico.

El contexto cronológico es la entrega de Juan Bautista. Al presentar el tiempo en función de la prisión de Juan, Marcos pone como telón de fondo del comienzo de la obra de Jesús una escena que evoca su fin trágico (ver 9,12-13). Juan no sólo será precursor de Jesús por su obra, sino también por su muerte. La palabra 'entregar', que se aplica aquí a Juan Bautista, se hace también muchas veces a Jesús e incluso a los discípulos (ver 13,9.11.12), sugiriéndose con ello que los discípulos también compartirán con Jesús este destino.

El lugar es Galilea, lugar de la proclamación del Evangelio entonces y ahora. Para Marcos, Galilea es la región geográfica en la que Jesús desarrolló la mayor parte de su actividad proclamando el reino de Dios de forma aparentemente débil, pero eficaz; y ve en ella un anuncio de las condiciones en que se ha de proclamar el reino de Dios en todos los tiempos. Galilea es el lugar en que Jesús actuó, y ahora «se ve» al Señor resucitado (ver Mc 16,7), siempre en aparente debilidad, pero de forma eficiente.

Aquí vino Jesús, «proclamando» el Evangelio de Dios. Proclamar es la actividad del pregonero, heraldo, cuya acción específica consiste en dar a conocer un "pregón", kerigma, que es una decisión tomada por otro. Por ello, el pregón tiene tanta autoridad como el que decide lo que se da a conocer. En este caso el que decide es Dios y, por tanto, la proclamación anuncia una palabra definitiva y firme. Ante ella sólo valen dos posturas: aceptar o rechazar, pero no el discutir o poner condiciones (ver 8,12). El contenido de esta palabra definitiva lo resume Marcos con la frase «Evangelio de Dios», es decir: ya se va a cumplir la promesa-Evangelio que hizo Dios por medio del Segundo Isaías (Is 40-56), según la cual Dios va a reinar como Dios Oculto. Lo expone a continuación con estilo directo, explicitando lo que significa la promesa «Evangelio de Dios»: «se ha cumplido el tiempo» de preparación. Hablar de cumplimiento supone que hay una continuidad que enlaza las etapas del designio de Dios (1 R 8,24; Sb 8,8; Hch 1,7...) y que los hombres tienen conocimiento de ello. Así, la obra de Jesús aparece de nuevo en contexto de Historia de la Salvación. Con él comienza y sigue vigente un tiempo nuevo, el tiempo válido (griego *kairós*) para el cumplimiento de forma plena y permanente de las promesas, tiempo de salvación. Esto significa que «ya está comenzando a llegar el Reino de Dios». El verbo griego empleado, «estar cerca» (*eggizein*), expresa una cercanía tan próxima que ya comienza a ser presencia. Es la aurora que empieza a manifestar la luz del sol, que todavía no ha aparecido, pero cuya presencia ya se percibe y se manifiesta activa, permitiendo ver. Lo que comienza a llegar es el Reino de Dios. La fórmula tiene carácter abstracto y hay que interpretarla de acuerdo con la mentalidad semita, que es concreta: Dios va a reinar. Dios poderoso, bueno y dador de vida, ha decidido finalmente, de acuerdo con sus promesas, establecer su señorío de vida sobre toda la creación, destronando todos los otros señoríos negativos que sufre la humanidad. El pueblo judío, especialmente en los siglos anteriores inmediatos, había sufrido todo tipo de esclavitud y esperaba ardientemente que Dios tomara las riendas de la historia, destruyera todos los imperios hostiles y reinara. Jesús proclama que ya va a comenzar a hacerlo. Pero lo va a hacer de una forma inesperada, aunque era la más adecuada. Los contemporáneos de Jesús imaginaban la llegada del Reino como la irrupción del Todopoderoso, arrasando y destruyendo a los impíos, y salvando y glorificando a los miembros de su pueblo oprimido. Jesús lo concibe de otra manera. El Todopoderoso es padre, y su acción va a consistir en comenzar un dinamismo que tiende a hacer a los hombres hijos suyos, en un contexto adecuado a los hijos de Dios, sin dolor ni muerte, en que participarán plenamente de la gloria y bondad de Dios. Ante este pregón del heraldo, el hombre debe dar una respuesta adecuada, pues el *kairós* no es sólo tiempo de oferta divina, sino también de decisión humana. La respuesta ha de ser convertirse y creer en el Evangelio, es decir: por una parte, renunciar a vivir centrados en uno mismo para poder "volverse" a la Alianza, cuyo fruto es el pueblo de Dios (pensemos p.e. en la filiación – fraternidad que implica el Reino de Dios); y, por otra, creer ("hacerse fuerte", según el sentido etimológico que tiene en hebreo la palabra "creer") en el Evangelio que se está proclamando y que Marcos identifica con Jesús, Dios Oculto (ver 8,35; 10,29). Para Marcos, el Reino no es una teoría ni un simple proyecto, sino una persona, Jesús resucitado (ver 9,1). Es fundamental creer firmemente en Jesús y en su mensaje sobre la llegada del Reino y el modo de su venida, pues son muchas las realidades que oprimen al hombre y parecen contradecir el mensaje. Es una respuesta que Jesús exige a todo hombre, en contra de las expectativas de la época, que sólo la exigía a los impíos, lo que dará lugar al rechazo del mensaje de Jesús por parte de los que se consideraban justos, como pondrá de relieve la continuación de Marcos.

Vocación de los cuatro primeros discípulos (1,16-20)
(Mt 4,18-22; Lc 5,1-11)

¹⁶Bordeando el mar de Galilea, vio a Simón y Andrés, el hermano de Simón, largando las redes en el mar, pues eran pescadores. ¹⁷Jesús les dijo: «Venid conmigo, y os haré llegar a ser pescadores de hombres». ¹⁸Al instante, dejando las redes, le siguieron.

¹⁹Caminando un poco más adelante, vio a Santiago, el de Zebedeo, y a su hermano Juan; estaban también en la barca arreglando las redes; ²⁰y al instante los llamó. Y ellos, dejando a su padre Zebedeo en la barca con los jornaleros, se fueron tras él.

Marcos desarrolla la afirmación anterior en la que sitúa la actividad de Jesús en Galilea, presentando la actuación de Jesús en Cafarnaún, que fue centro de su actividad (1,16-38), y poniendo un ejemplo de su actuación por el resto de Galilea (1,39-45). Pero inmediatamente antes, sitúa a Jesús caminando por la orilla del lago de Galilea, que llama impropiamente 'mar'. A la luz del relato siguiente, se dirige a Cafarnaún.

Con la vocación de los primeros discípulos da comienzo Marcos al relato de la actividad de Jesús, narrando los signos que realiza para hacer ver qué significa que está llegando el reino de Dios e implícitamente cuáles son sus pretensiones. La vocación de los cuatro primeros discípulos es una acción previa a la actividad pública, en la que Jesús siempre aparecerá acompañado de sus discípulos. El relato es eminentemente cristológico, inspirado literariamente en el llamamiento de Eliseo por Elías (ver 1 R 19,19-21): Jesús ve, toma la iniciativa y llama a su seguimiento personal, y tiene como finalidad revelar a Jesús y su obra. Se trata de un comportamiento diverso de la praxis de aquella época, en la que era el discípulo quien elegía a su maestro. La perícopa revela quién es Jesús, el que realiza en nombre de Dios la última convocatoria para el Reino, que se concreta en agruparse en torno suyo y en seguirle. Por otra parte, comienza a explicitar lo que significa el comienzo del Reino de Dios, la creación de una nueva fraternidad en torno a Jesús, a quien siguen, y que es comienzo del pueblo escatológico, el pueblo de los últimos tiempos. Por ambos aspectos Marcos comienza su catequesis con este relato. Es una colocación más teológica que histórica. Situado al comienzo absoluto del ministerio, en que Jesús era un desconocido, el hecho parece contrario a la psicología y a la libertad consciente de las personas, que Jesús respeta. Desde este punto de vista es más verosímil la ubicación de Lucas, que lo coloca después de cierta actividad de Jesús (ver Lc 5,1-11), cuando ya era una persona conocida por el pueblo. Marcos comienza con este relato porque el Reino de Dios es una realidad esencialmente comunitaria y no tiene sentido que Jesús lo proclame solo, sin estar rodeado por un grupo de personas que aceptan este mensaje. Por ello, a partir de este momento, Marcos presentará a Jesús siempre acompañado por sus discípulos. Así, su proclamación tendrá un matiz comunitario. La fraternidad cristiana es el primer signo del Reino presente y forma histórica concreta (aunque no exclusiva, ver 9,38-39) de su presencia. El aspecto ético («dejando las redes... a su padre...») también está presente, pero es secundario en este contexto. Marcos da importancia al discipulado a lo largo de su obra, y ya en este breve relato insinúa sus rasgos básicos: la iniciativa siempre la tiene Jesús, por lo que es una gracia de Dios; Jesús llama básicamente a una comunión de vida y a su seguimiento personal, que implica identificarse con su misión de "pescar hombres", pero primero es la comunión de vida y después será el pescar y realizar un proyecto concreto. Esta llamada la hace a un grupo, en el que cada uno debe seguir a Jesús en comunión con los demás llamados.

Un día en Cafarnaún

Jesús enseña en la sinagoga de Cafarnaún y cura a un endemoniado (1,21-28)
(Mt 7,28-29; 8,29; Lc 4,31-37)

²¹Llegan a Cafarnaún. Al llegar el sábado entró en la sinagoga y se puso a enseñar. ²²Y quedaban asombrados de su doctrina, porque les enseñaba como quien tiene autoridad, y no como los escribas.

²³Había precisamente en su sinagoga un hombre poseído por un espíritu inmundo, que se puso a gritar: ²⁴«¿Qué tenemos nosotros contigo*, Jesús de Nazaret? ¿Has venido* a destruirnos? Sé quién eres tú: el Santo de Dios.» ²⁵Jesús, entonces, le conminó diciendo: «Cállate y sal de él.» ²⁶Y agitándole violentamente el espíritu inmundo, dio un fuerte grito y salió de él. ²⁷Todos quedaron pasmados de tal manera que se preguntaban unos a otros: «¿Qué es esto? ¡Una doctrina nueva, expuesta con autoridad! Manda hasta a los espíritus inmundos y le obedecen*.» ²⁸Bien pronto su fama se extendió por todas partes, en toda la región de Galilea.

V. 24 Lit. «Qué a nosotros y a ti». Se trata de un semitismo frecuente en el AT, para rechazar una intervención que se cree inoportuna y hasta para indicar a alguien con quien no se quiere mantener relación.

V. 24 Variante: «Tú has venido».

V. 27 Otra puntuación: «¡Una doctrina nueva! Con autoridad manda a los espíritus inmundos...».

Llegan a Cafarnaún y Marcos narra la actividad de Jesús en sábado, durante una jornada en esta ciudad (1,21-38). La narración consta de cuatro relatos muy bien trabados cronológicamente entre sí (ver 1,21.29.32.35: entra en la sinagoga, sale, al atardecer, a la mañana, antes del amanecer). Se trata de una unidad, posiblemente recibida de la tradición, que Marcos reelabora en función de su teología, especialmente con los temas de la enseñanza y la admiración, y que coloca en este lugar con la finalidad de seguir explicando quién es Jesús y lo que significa que está comenzando la llegada del Reino de Dios. La unidad, pues, es eminentemente cristológica y soteriológica. Jesús aparece como el heraldo y maestro que enseña con autoridad una doctrina nueva, y, por otra parte, como el poseedor del Espíritu, el Santo de Dios que expulsa los demonios y cura las enfermedades, y todo ello sin limitación espacial, en lugares de culto (1,21: la sinagoga), en lugares privados (1,19: la casa), en lugares públicos (1,33: la calle) y en el desierto (1,35). El evangelista invita a tomar conciencia de esta realidad, interrogándose sobre ella y admirándola (ver el interrogante «¿Qué es esto?» del v.27).

El relato de Jesús en la sinagoga (1,21-28) consta de tres ideas principales: enseñanza, exorcismo, admiración. Enseñanza y exorcismo son las dos facetas de la revelación, y las presenta Marcos como el resumen de la actividad de Jesús (ver 1,39, donde generaliza lo que se cuenta en este relato). La admiración sugiere la respuesta que debe dar el lector.

Enseñanza (1,21s). Jesús entra un día de sábado en la sinagoga, lugar de culto público donde el pueblo de Dios se reúne para escuchar al Dios de las promesas y orar. Aquí comienza Jesús su proclamación del cumplimiento de las promesas, algo que hará más adelante en todas las sinagogas de Galilea (1,39). No dice qué enseña, pues a la luz del sumario inicial se entiende que es el comienzo del Reino de Dios. Lo que subraya es su carácter de maestro que actúa con poder. «Poder» es uno de los sinónimos de Dios en la literatura de esta época (ver Mc 14,62); más tarde, en la literatura rabínica, significará hablar como profeta, en nombre de Dios. Hablar del Reino en nombre propio pertenece a Dios-Rey o a su Enviado especial, Jesús, lo que contrasta con el modo de los escribas, que solían enseñar en forma casuística y exponiendo las diversas opiniones sobre un punto. Esta forma de enseñar es tan importante que produce admiración, igual que los milagros. Con esta breve alusión a la enseñanza del Reino introduce Marcos el relato de exorcismo, primero de los milagros de Jesús que va a narrar. Para evitar una visión milagrera de Jesús, el evangelista suele enmarcar los hechos portentosos en el contexto de la enseñanza del Reino de Dios, en cuyo contexto adquieren su verdadero sentido de signos, es decir, hechos que ofrecen pistas sobre la naturaleza del Reino y del poder de Dios para llevarlo a plenitud.

El exorcismo (1,23-26). Los exorcismos constituyen la actividad poderosa de Jesús que Marcos refiere con más frecuencia (1,23-27.34.39; 3,11-12; 5,1-20; 9,14-29) y que también será distintiva de los discípulos (3,15; 6,7.13). La narración sigue el esquema normal de este tipo de relatos, en los que se suele subrayar la superioridad irresistible del exorcista sobre el espíritu impuro. «Espíritu» en este contexto designa a un ser con poder sobrehumano y enemigo del hombre y de Dios. «Impuro» es todo lo que no pertenece a Dios, sino al mundo de la muerte. El espíritu impuro tiene una clarividencia que le permite conocer la identidad profunda y real de las personas y declara que Jesús es el «Santo de Dios», el profeta consagrado, separado y enviado de Dios por su Espíritu (ver Jr 1,5; Jn 6,69; 10,35-36; Is 61,1ss), que participa de forma especial de la santidad divina. De esta forma intenta resistir ante Jesús dando a conocer su personalidad y la finalidad de su obra: en calidad del más Fuerte viene a despojar y destruir a Satanás, el Fuerte, como se explicitará más adelante (ver 3,27). La frase «¿qué tenemos nosotros contigo?» son un eco de las que la viuda de Sarepta dirigió a Elías (ver 1 R 17,18), un modo de relacionar de nuevo a Jesús con este profeta (ver 1,16). Pero Jesús manda al demonio callar y salir. Por primera vez aparece el mandato del silencio que Jesús impone a los demonios (1,25.34; 3,12), a los favorecidos con algún milagro y a veces a los discípulos. Se trata de un tema relevante en la obra de Marcos, que no ha sido sin más inventado por él, como algunos han afirmado, sino que tiene fundamento en la actuación histórica de Jesús. El silencio a los demonios implica que Jesús rechaza un tipo de testimonio que se sitúa en la esfera de lo supersticioso, crea miedo y limita la libertad del hombre. Jesús quiere la adhesión libre del hombre.

Se trata de un relato eminentemente cristológico (nada se dice del final del enfermo curado; toda la acción y admiración se concentra sobre Jesús) y soteriológico. Jesús, el Santo de Dios, combate y vence irresistiblemente a los espíritus impuros de Satanás, la causa teológica de todo mal, despojando a éste de su poder regio (ver Lc 10,18-19; Jn 12,32; Ap 12,9-11) y esto con sólo su palabra, sin necesidad de gestos, como otros exorcistas. La irrupción del Reino, pues, significa que ya no hay males fatalmente inevitables y que se devuelve al hombre la libertad que le había arrebatado el espíritu impuro. Es importante la contraposición entre Santo e impuro. Dios es el Santo, concepto primariamente ontológico y que designa el ser de Dios, fuente de vida única y transcendente. Jesús, consagrado por Dios con su Espíritu (ver1,10) y enviado por él, pertenece y actúa dentro de esta esfera. Lo impuro pertenece al Reino de la muerte y de Satanás. El judaísmo (Za 13,2) calificaba a los demonios de forasteros y hostiles a la pureza religiosa y moral que exige el servicio de Dios; por ello, estaban al servicio de la muerte.

El tema de la admiración, en forma de interrogación, pone fin al relato y sugiere lo que debe hacer el lector. Su objeto es la doctrina nueva y el poder sobre los espíritus impuros. Esta pregunta y la admiración recorre toda la primera parte de la obra de Marcos (ver 2,12; 4,41; 5,42; 6,2-3.14-16; 7,37). Ahora se ha abierto un interrogante; más adelante se irá cerrando en forma negativa también en la sinagoga (ver Mc 3,1-6 [fariseos]; 6,1-6a [pueblo]), pero Pedro dará una respuesta positiva: el Mesías (8,29).

La nota final sobre la divulgación de la fama de Jesús sirve a la economía de la narración, que intenta hacer ver cómo Jesús se iba dando a conocer a todos.

Curación de la suegra de Simón (1,29-31)
(Mt 8,14-15; Lc 4,38-39)

[29]Cuando salió de la sinagoga se fue* con Santiago y Juan a casa de Simón y Andrés. [30]La suegra de Simón estaba en cama con fiebre; y le hablan de ella. [31]Se acercó y, tomándola de la mano, la levantó. La fiebre la dejó y ella se puso a servirles.

V. 29 Variante: «se fueron».

La curación de la suegra de Simón es otro signo que muestra lo que significa la irrupción del Reino de Dios: es un dinamismo que tiende a la destrucción del dolor y la enfermedad. Esta revelación se realiza ante los discípulos y en lugar privado. Jesús, acompañado por los cuatro discípulos que ha llamado, viene a la casa de Simón. La suegra está seriamente enferma, postrada en la cama. Los discípulos le hablan a Jesús de esta situación. A la luz del contexto anterior, se insinúa una reacción positiva de los discípulos, testigos del exorcismo, del que deducen que Jesús puede curar. Muestra de la curación efectuada es que la suegra está en condiciones de servir al grupo.

Numerosas curaciones al atardecer (1,32-34)
(Mt 8,16; Lc 4,40-41)

[32]Al atardecer, a la puesta del sol, le trajeron todos los enfermos y endemoniados; [33]la ciudad entera estaba agolpada a la puerta. [34]Jesús curó a muchos que se encontraban mal de diversas enfermedades y expulsó muchos demonios. Y no dejaba hablar a los demonios, pues le conocían.

Cuando termina el sábado y ya se puede andar libremente, los habitantes de Cafarnaún llevan ante Jesús todos los enfermos y endemoniados, curando a muchos de ellos. El relato generaliza las dos afirmaciones contenidas en los anteriores, el exorcismo en la sinagoga y la curación en la casa de Simón: Jesús en lugar público cura a enfermos y endemoniados, ofreciendo así signos de la cercanía del Reino de Dios. Igual que en la sinagoga, rechaza el testimonio de los demonios.

De madrugada (1,35-39)
(Lc 4,42-44)

[35]De madrugada, cuando todavía estaba muy oscuro, se levantó, salió y fue a un lugar solitario y allí se puso a hacer oración. [36]Simón y sus compañeros fueron en su busca; [37]al encontrarle, le dicen: «Todos te buscan.» [38]Él les dice: «Vayamos a otra parte, a los pueblos vecinos, para que también allí predique; pues para eso he salido.» [39]Y recorrió toda Galilea, predicando en sus sinagogas y expulsando los demonios.

Jesús termina la jornada con el descanso, pero muy de madrugada salió de Cafarnaún y se dirigió a orar a un lugar solitario. Jesús combina adecuadamente la acción de proclamar el Reino de Dios con la oración íntima. La ciudad lo lleva al desierto y el desierto a la acción. De esta forma, la sección que empezaba con un gesto de comunión con los hombres, llamando a un grupo a su seguimiento, termina refiriéndose a su comunión especial con Dios, otro signo de la cercanía del Reino. Simón, al frente de los otros tres discípulos, lo busca. Desde el primer momento destaca Marcos en su obra la posición de Simón en el grupo. Encuentran a Jesús y lo invitan a volver a Cafarnaún, donde su actividad ha encontrado tan buena acogida. Es un gesto que sugiere que los discípulos no comprenden el estilo de Jesús que, en la línea del Siervo del Yahvé, no busca un éxito humano, sino realizar el plan de Dios. Por otra parte, Jesús, que libra de demonios y cura, no quiere dar la impresión de que es un médico con especiales cualidades, sino el heraldo que realiza los signos de la llegada del Reino. Por ello, responde a los discípulos que se debe a todos, pues para esto «ha salido», y les invita a acompañarle. La salida se entiende de Cafarnaún, pero se sugiere una salida que es envío de Dios, como explicita Lc 4,43 y en un sentido más profundo Jn 8,42; 13,3; 16,27s.30, que habla de salida del Padre.

Un sumario-nexo (1,39) termina la Jornada en Cafarnaún y se vincula con la perícopa siguiente, resumiendo la acción de Jesús: hizo en las sinagogas de toda Galilea lo mismo que en la de Cafarnaún: proclamar y arrojar demonios.

Curación de un leproso (1,40-45)
(Mt 8,2-4; Lc 5,12-16)

[40]Se le acerca un leproso suplicándole y, puesto de rodillas*, le dice: «Si quieres, puedes limpiarme.» [41]Encolerizado*, extendió su mano, le tocó y le dijo: «Quiero; queda limpio.» [42]Y al instante, le desapareció la lepra y quedó limpio. [43]Le despidió al instante prohibiéndole severamente: [44]«Mira, no digas nada a nadie, sino vete, muéstrate al sacerdote y haz por tu purificación la ofrenda que prescribió Moisés para que les sirva de testimonio.» [45]Pero él, así que se fue, se puso a pregonar con entusiasmo y a divulgar la noticia, de modo que ya no podía Jesús presentarse en público en ninguna ciudad, sino que se quedaba a las afueras, en lugares solitarios. Y acudían a él de todas partes.

V. 40 Otros manuscritos omiten «puesto de rodillas».
V. 41 Variante: «compadecido».

La curación de un leproso es el relato culmen dentro de este desarrollo. Para valorar el hecho, hay que tener en cuenta que en el contexto judío la lepra era considerada igual a la muerte y, por ello, curarla equivalía a resucitar a un muerto, y era, por tanto, obra de Dios (ver 2 R 5,7). Por otra parte, la lepra era una enfermedad que marginaba y obligaba a vivir al margen del pueblo de Dios (ver Lv 13,45-46), una enfermedad que dañaba no sólo el cuerpo, sino también la relación con Dios y con los miembros de su pueblo. Jesús, pues, revela que el dinamismo del Reino tiende a destruir la muerte, y se manifiesta a sí mismo como el que realiza los signos mesiánicos (ver Mt 11,5), dando la vida y reintegrando en el pueblo de Dios.

El relato subraya, por una parte, la fe del leproso, el único enfermo en Marcos que se arrodilla, dando fuerza a su oración, cuyo contenido es un auténtico acto de fe en el poder de Jesús, sólo condicionado por su voluntad: «si quieres, puedes limpiarme» (el empleo del verbo "limpiar" en vez de "curar" indica que en esta cultura se veía la lepra como causa de impureza, más que como enfermedad). Por otra parte, aparece con relieve la actuación de Jesús, encolerizado frente a la marginación a la que se tiene sometidos a estos enfermos («encolerizado» es mejor lectura que «compadecido», lectura que quiere suavizar la reacción de Jesús). Por ello lo toca, acción prohibida por la Ley, y lo cura. El curado debe presentarse ante los sacerdotes, encargados por la Ley de dictaminar la lepra y su curación (ver Lv 14). Lo que ha hecho Jesús debe servirles de testimonio de que está curado, para que se pueda reintegrar en el pueblo de Dios, e indirectamente de que con esta acción está llegando el Reino de Dios. Así Jesús, con esta curación, justifica su postura ante la Ley, que reinterpreta a la luz de la vida del hombre. Por una parte no la sigue (toca al leproso), por otra manda a éste presentarse al sacerdote, de acuerdo con lo mandado en Lv 14.

Jesús exige silencio ante este signo, al igual que más adelante ante otros (5,43; 7,36; 8,26) que tienen carácter mesiánico (ver Mt 11,2-5; Lc 7,18-22; Is 35,5-6; 42,18; 61,1). El mandato es psicológicamente incomprensible, por lo que es natural que no sea obedecido. En Marcos el mandato de silencio ante los milagros es un medio para dar a entender la ambigüedad de los signos de Jesús, tendentes a mostrar diversas facetas de la cercanía del Reino de Dios, pero que fácilmente se prestan a una interpretación milagrera y triunfalista de Jesús. Mandar callar equivale a invitar a reflexionar sobre el sentido de la acción, para sacar las consecuencias apropiadas a la luz de la palabra de Dios; pero la invitación no fue respetada, por lo que, al final, el entusiasmo inicial del pueblo se convierte en abandono. Con todo, el mandato no es pura creación de Marcos, pues tiene fundamento histórico en la reticencia de Jesús ante los milagros, dada su ambigüedad.

El curado pregona el hecho y esto provoca tanta fama que Jesús ya no podía presentarse en público, por lo que se quedaba en lugares solitarios. De nuevo aparece el dilema que se planteó al final de la jornada en Cafarnaún (1,35-39): Jesús debe continuar su misión, realizando signos, a pesar de la ambigüedad que induce al pueblo a ver en él a un milagrero. Por otra parte, con estas pinceladas quiere Marcos sugerir que la obra reveladora de Jesús ha llegado a todos los galileos. Así, desde el punto de vista de la economía del relato, ya está todo a punto para poder hablar de las reacciones ante Jesús de uno de los grupos, los escribas y fariseos.

REACCIÓN NEGATIVA DE ESCRIBAS Y FARISEOS

2. REACCIÓN DE LOS ESCRIBAS-FARISEOS

Curación de un paralítico (2,1-12)
(Mt 9,1-8; Lc 5,17-26)

2 ¹Entró de nuevo en Cafarnaún; al poco tiempo había corrido la voz de que estaba en casa. ²Se agolparon tantos que ni siquiera ante la puerta había ya sitio, y él les anunciaba la palabra. ³Y le vienen a traer a un paralítico llevado entre cuatro. ⁴Al no poder presentárselo a causa de la multitud, abrieron el techo encima de donde él estaba y, a través de la abertura que hicieron, descolgaron la camilla donde yacía el paralítico. ⁵Viendo Jesús la fe de ellos, dice al paralítico: «Hijo, tus pecados te son perdonados.» ⁶Estaban allí sentados algunos escribas que pensaban en sus corazones: ⁷«¿Por qué éste habla así? Está blasfemando.¿Quién puede perdonar pecados, sino Dios sólo?» ⁸Pero, al instante, conociendo Jesús en su espíritu lo que ellos pensaban en su interior, les dice: «¿Por qué pensáis así en vuestros corazones? ⁹¿Qué es más fácil, decir al paralítico: "Tus pecados te son perdonados", o decir: "Levántate, toma tu camilla y anda?". ¹⁰Pues para que sepáis que el Hijo del hombre tiene en la tierra poder de perdonar pecados –dice al paralítico–: ¹¹"A ti te digo, levántate, toma tu camilla y vete a tu casa".» ¹²Se levantó y, al instante, tomando la camilla, salió a la vista de todos, de modo que quedaban todos asombrados y glorificaban a Dios, diciendo: «Jamás vimos cosa parecida».

Marcos coloca a continuación el ciclo de las "discusiones de Galilea", cinco relatos sobre los escribas y fariseos (2,1-3,5), no con un criterio historicista, como si estos hechos hubieran acaecido inmediatamente después de los anteriores, sino catequético, con la finalidad de presentar las reacciones ante Jesús de escribas y fariseos, y sus motivos. Quiere hacer ver así a sus lectores que, en la medida en que las compartan, no llegarán a conocer a Jesús. Son dogmáticos (2,7), puritanos (2,16), legalistas (2,24; 3,2) e identifican religiosidad con prácticas religiosas concretas (2,18). Lo expone en una línea de oposición creciente: primero sólo piensan en su interior (2,6), después arguyen indirectamente contra Jesús dirigiéndose a sus discípulos (2,16), a continuación pasan a la crítica directa (2,18.24), finalmente Jesús toma la iniciativa y desenmascara sus intenciones (3,4). Por otra parte, junto a este aspecto que queda subrayado a la luz del contexto, los relatos siguen presentando diversas facetas reveladoras de Jesús y el Reino: el Reino es perdón de los pecados y salvación total (2,1-12), vocación al seguimiento de Jesús (2,13-14), reagrupación de la familia de Dios en un banquete de perdonados (2,15-17), la alegría de las bodas de Dios con su pueblo (2,18-22), la vida (2,13-28); Jesús, por su parte, es el que ofrece el perdón de Dios (2,10), el que llama a su seguimiento (2,14), el que busca los pecadores y comparte la mesa con ellos (2,17), el Esposo (2,19), el que busca la vida y libera del legalismo (2,27-28; 3,4).

En el primer relato, curando al paralítico, Jesús justifica su pretensión de poder perdonar los pecados, en calidad de Hijo del hombre, enviado especial de Dios. Muestra así que ofrece una salvación que, por una parte, alcanza a la raíz de la persona (perdón, transformación del corazón) y, por otra, tiende a destruir el dolor y la muerte. Será salvación total, pero ahora comienza con el corazón, que es fundamental. La reacción del pueblo («¡Jamás vimos cosa parecida!») es una invitación al lector a admirar y glorificar a Dios.

Como otras veces, Marcos subraya el tema de la fe, manifestada aquí por la acción de los cuatro que se empeñan y consiguen colocar al paralítico ante Jesús (los techos normales en la época solían ser de cañas, alquitrán y tierra, fácilmente desmontables), y enmarca el milagro en un contexto de enseñanza, para que se interprete como signo del Reino que está llegando.

Jesús se dirige al enfermo como padre, llamándolo hijo y declarando que sus pecados han sido perdonados. Conoce la realidad total de la persona que le han presentado, que no es sólo paralítica, sino también pecadora, y comienza actuando sobre esta realidad, que considera básica. La reacción negativa de los escribas, que aparecen por vez primera, está determinada por motivos teológicos: «...pensaban en sus corazones: ¿Pero qué éste habla así? Está blasfemando ¿Quien puede perdonar pecados sino Dios solo?». La reflexión es verdadera, pues siendo el pecado una ofensa hecha a Dios, sólo a él pertenece perdonar los pecados. Así se afirma en el AT (ver Ex 34,6; Os 11,8-9; Is 1,18), que, por otra parte, anuncia que Dios lo hará especialmente en los tiempos de la nueva alianza (Jr 31,31). Jesús, para quien ya han llegado estos tiempos, ofrece el perdón como enviado de Dios, perdonando en su nombre. La forma pasiva (tus pecados) «te son perdonados» tiene como sujeto agente a Dios, y en su nombre actúa Jesús (ver Mt 9,7, que explicita esta idea). Pero los escribas habían caído en el peligro del dogmatismo, absolutizando sus conocimientos religiosos y en nombre de ellos rechazando a Dios, que es libre para perdonar por medio del hombre que ha ungido y enviado. Habían olvidado que la postura ante la revelación ha de ser radicalmente humilde. Lo que Dios nos da a conocer es verdad, pero él sigue siendo el Dios de las sorpresas y de lo imprevisto (ver Is 55,8s). Después sigue la palabra que cura al paralítico como signo de que es el Hijo del hombre, enviado de Dios para actuar en su nombre, por lo que su palabra es eficaz y puede perdonar lo mismo que curar.

Vocación de Leví y comida con pecadores (2,13-17)
(Mt 9,9-13; Lc 5,27-28.29-32)

[13]Salió de nuevo por la orilla del mar, toda la gente acudía a él, y él les enseñaba. [14]Al pasar, vio a Leví, el de Alfeo, sentado en el despacho de impuestos, y le dice: «Sígueme.» Él se levantó y le siguió. [15]Y sucedió que estando él a la mesa en casa de Leví, muchos publicanos y pecadores estaban a la mesa con Jesús y sus discípulos, pues eran muchos los que le seguían. [16]Al ver los escribas de los fariseos que comía con los pecadores y publicanos, decían a los discípulos: «¿Qué? ¿Es que come con los publicanos y pecadores?» [17]Al oír esto Jesús, les dice: «No necesitan médico los que están fuertes, sino los que están mal; no he venido a llamar a justos, sino a pecadores».

Las dos escenas están enmarcadas a orillas del lago de Tiberíades, o mar de Galilea, y en contexto de enseñanza, para que fueran percibidas como signos del Reino. La vocación de Leví, como la de las dos parejas de hermanos narrada anteriormente, tiene carácter cristológico, pues revela a Jesús y sus pretensiones. Esta escena además tiene un matiz especial, pues el llamado al seguimiento es un pecador público, un publicano, profesión poco honrosa y odiada por el pueblo, toda vez que se dedicaban a cobrar impuestos. Todo esto implica que Jesús lo acepta como amigo, perdonándolo, y lo impone al grupo como compañero. El discipulado se va formando poco a poco, no a base de amigos que se eligen, sino de llamados por Jesús a integrar el grupo. Este matiz prepara la declaración final de Jesús sobre los pecadores.

En el banquete Jesús realiza otro signo en la misma línea: acompañado por sus discípulos, que ya eran muchos, comparte su mesa con los publicanos y pecadores, lo cual implica que los ha perdonado y hecho amigos. Éste era uno de los gestos llamativos que realizaba para significar la presencia del Reino y hacer ver que éste, ahora, es una fraternidad de pecadores perdonados reunidos en su mesa. La futura institución de la Eucaristía será el culmen de esta praxis de Jesús.

Los escribas de los fariseos no comprenden este gesto y lo rechazan, desacreditando indirectamente a Jesús ante los discípulos, criticando que comparta la mesa con pecadores. En esta época algunas sectas, como los fariseos y los esenios, cuidaban mucho las comidas, que procuraban realizar en estado de pureza legal, evitando compartirlas con personas ajenas al grupo que pudieran contagiar impureza, igual que los gentiles. Son "puritanos" y dividen a las personas en dos grupos, los buenos y los malos, los justos y los pecadores. Naturalmente ellos pertenecen al grupo de los justos. Jesús justifica su actuación declarando que los pecadores son los destinatarios privilegiados de su misión. Implícitamente está declarando que todos son pecadores y necesitan la conversión para tener acceso al Reino (ver 1,15). Éste es el segundo motivo del rechazo fariseo: Jesús viene a los pecadores que se reconocen tales; al creerse los escribas fariseos justos, se están excluyendo de la obra de Jesús. No la comprenden ni la pueden comprender.

Discusión sobre el ayuno (2,18-22)
(Mt 9,14-17; Lc 5,33-39)

[18]Como los discípulos de Juan y los fariseos estaban ayunando, vienen y le dicen: «¿Por qué mientras los discípulos de Juan y los discípulos de los fariseos ayunan, tus discípulos no ayunan?» [19]Jesús les dijo: «¿Pueden acaso ayunar los invitados a la boda mientras el novio está con ellos? Mientras tengan consigo al novio no pueden ayunar. [20]Días vendrán en que les será arrebatado el novio; entonces ayunarán, en aquel día. [21]Nadie cose un remiendo de paño sin tundir en un vestido viejo, pues de otro modo, lo añadido tira de él, el paño nuevo del viejo, y se produce un desgarrón peor. [22]Nadie echa tampoco vino

nuevo en pellejos viejos; de otro modo, el vino reventaría los pellejos y se echarían a perder tanto el vino como los pellejos: sino que el vino nuevo, en pellejos nuevos».

Existían prácticas con etiqueta religiosa, como el ayuno, que algunos movimientos religiosos, como los discípulos de Juan Bautista y los fariseos, practicaban con frecuencia como expresión de su vida religiosa. Algunos se maravillan de que Jesús no lo haga con sus discípulos y le piden razón de tal conducta. Jesús da una doble respuesta: ahora están en los tiempos de las bodas mesiánicas, tiempo de alegría y no de ayuno. Jesús se revela así como el Esposo mencionado en el AT, que viene a establecer una relación especial con el pueblo, aunque pecador (Os 2,18-25; Ez 16). Este relato ocupa el centro de los cinco y con ello adquiere un significado especial la afirmación de que con Jesús comienzan las bodas de Dios con la humanidad. Pero, más adelante, en el tiempo de la Iglesia, ayunarán, cuando les sea arrebatada la presencia visible del Esposo, pero lo harán en un contexto nuevo determinado por una nueva motivación: a vino nuevo, odres nuevos. Es una alusión velada a su muerte y al ayuno cristiano en este contexto (ver Jn 16,20).

Hay, pues, un sí y un no al ayuno. El 'no' está determinado por la nueva situación: el comienzo del Reino de Dios por la acción de Jesús, que es esencialmente tiempo de alegría, lo cual, por una parte, excluye el ayuno practicado para acelerar la llegada del Reino y, por otra, cualquier formalismo contrario a la libertad filial o cualquier tónica excesivamente penitencial que identifique vida eclesial con ayuno y anule la alegría básica del tiempo nuevo. El 'sí' es determinado por el tiempo de la Iglesia, cuando el Esposo haya sido arrebatado por la muerte violenta. En este caso, los discípulos ayunarán por amor a Jesús y en el contexto del seguimiento, que implica renuncia.

La perícopa, desde un punto de vista cristológico, presenta a Jesús como el Esposo, que trae los tiempos del Reino, tiempos fundamentalmente de gozo. Desde un punto de vista ético, condena una visión ritualista del ayuno. No se pueden identificar determinadas prácticas religiosas con acogida del Reino, sin relación personal con Jesús. El hacerlo indispone para conocer a Jesús y su mensaje. La nueva religiosidad es una vida de amor a Jesús, amor que inspirará y creará las manifestaciones externas adecuadas y necesarias. En este nuevo contexto tiene sentido el ayuno de los discípulos de Jesús.

Las espigas arrancadas en sábado (2,23-28)
(Mt 12,1-8; Lc 6,1-5)

[23]Y sucedió que un sábado cruzaba Jesús por los sembrados, y sus discípulos empezaron a abrir camino arrancando espigas. [24]Decíanle los fariseos: «Mira, ¿por qué hacen en sábado lo que no es lícito?» [25]Él les dice: «¿Nunca habéis leído lo que hizo David cuando tuvo necesidad, y él y los que le acompañaban sintieron hambre, [26]cómo entró en la Casa de Dios, en tiempos del sumo sacerdote Abiatar, y comió los panes de la presencia, que sólo a los sacerdotes es lícito comer, y dio también a los que estaban con él?» [27]Y les dijo: «El sábado ha sido instituido para el hombre y no el hombre para el sábado. [28]De suerte que el Hijo del hombre también es señor del sábado».

Los fariseos piden explicaciones a Jesús, maestro responsable de la conducta de sus discípulos, que están asolando un sembrado, pues lo están cruzando pateándolo y se abren camino arrancando espigas. ¿Cómo hacen en sábado lo que no es lícito? De las dos acciones, asolar el sembrado y arrancar espigas, la pregunta se centra en la segunda, que la casuística farisea consideraba como trabajar. Se trata de un problema de interpretación de la Ley mosaica. Jesús da dos respuestas a base de la misma Ley, que ofrece pautas para interpretarla: en primer lugar cita el caso de David hambriento, que, en función del caso, es decir, en función de una necesidad humana, interpretó la Ley, tomando pan para sí y sus acompañantes (el texto dice erróneamente que tuvo lugar en tiempos del sumo sacerdote Abiatar, cuando realmente fue en tiempos de Ajimélec, ver 1 S 21,2-7); en segundo lugar alude a Gn 1,26.28 y Sal 8,5-9, argumentando que si el hombre es dueño de los seis primeros días de la creación, porque fueron creados para él, también lo es del séptimo, el sábado. El "Hijo del hombre", pues, es señor del sábado. Esta conclusión, en su sentido primitivo, acorde con la argumentación anterior, se refiere al hombre en general, designado con el hebraísmo "hijo del hombre", pero Marcos la reinterpreta cristológicamente (ver 2,10) para fundamentar en el mismo ser y misión de Jesús su libertad frente al sábado.

El relato, pues, tiene dos facetas: por una parte revela a Jesús como Señor del sábado, capacitado para dar la verdadera interpretación de la Ley; por otra, presenta el legalismo como motivo de la oposición farisea contra Jesús.

Curación del hombre de la mano paralizada (3,1-6)
(Mt 12,9-14; Lc 6,6-11)

3 ¹Entró de nuevo en la sinagoga, y había allí un hombre que tenía la mano paralizada. ²Estaban al acecho a ver si le curaba en sábado para poder acusarle. ³Dice al hombre que tenía la mano seca: «Levántate ahí en medio.» ⁴Y les dice: «¿Es lícito en sábado hacer el bien en vez del mal, salvar una vida en vez de destruirla?» Pero ellos callaban. ⁵Entonces, mirándoles con ira, apenado por la dureza de su corazón, dice al hombre: «Extiende la mano.» Él la extendió y quedó restablecida su mano. ⁶En cuanto salieron los fariseos, se confabularon con los herodianos contra él para ver cómo eliminarle.

Jesús está de nuevo en la sinagoga de Cafarnaún. En ella comenzó la proclamación y se abrió un amplio interrogante (1,21.27). Ahora, en este mismo lugar y en sábado, los fariseos van a dar una respuesta negativa. Observan la actitud de Jesús ante el enfermo para acusarle. Jesús toma la iniciativa, mandando salir al enfermo al centro y preguntando si es lícito en sábado hacer bien o mal, salvar una vida o destruirla. Marcos subraya el silencio culpable de los fariseos y la reacción de Jesús ante el fenómeno del legalismo fariseo: los mira con ira, apenado por la dureza de su corazón. Y cura al enfermo.

Este último relato tiene también dos facetas, una cristológica y otra ética. La primera presenta a Jesús revelándose como el hombre que es capaz de airarse y apenarse ante la realidad de un corazón duro y, por otra parte, como el heraldo del Reino, que realiza sus signos e interpreta auténticamente la Ley en función de la vida, mostrando así que el Reino de Dios es vida para el hombre. La faceta ética insiste en el legalismo fariseo, subrayando la mala intención y la dureza de corazón que le es aneja, hasta el punto de poner la Ley contra el hombre e incapacitarse así para comprender a Jesús y el mensaje del Reino.

El v. 6 es la conclusión de toda esta primera sección. Los fariseos se ponen de acuerdo con los herodianos contra Jesús para perderle. Fariseos y herodianos representan el poder religioso y político en Galilea. No solían tener buenas relaciones, pero se unen contra Jesús (ver 8,15; 12,13).

Los fariseos eran unos 6.000 en tiempos de Jesús, pero ejercieron mucho influjo en el pueblo, debido a su cercanía a la gente sencilla, a su estilo de vida y a sus enseñanzas. Su postura en política estaba inspirada en el objetivo de salvaguardar los intereses religiosos del pueblo, por lo que buscaron un *modus vivendi* con la potencia ocupante, manteniendo una actitud de distanciamiento y moderada hostilidad ante Roma. Los herodianos, por su parte, son los judíos partidarios de Herodes Antipas, el tetrarca de Galilea y Perea, que dependía del poder romano, y consecuentemente eran partidarios de Roma.

Desde un punto de vista religioso, los fariseos centran la vida en la Ley, expresión de la voluntad de Dios y medio privilegiado para asumir el "yugo del Reino", las exigencias del Reino de Dios. La fe en Dios creador del mundo, que eligió a Israel y le dio el don de la Torá, es central. En función de la Torá y para inculcar en el pueblo su cumplimiento, afirman la escatología: habrá resurrección de los muertos, juicio y vida feliz en el mundo futuro, o condenación. El hombre es libre para responder a la Torá y, según responda o no, recibirá el premio del paraíso o el castigo de la *gehenna*. El hombre es libre para dar esta respuesta, pero con una libertad condicionada por el destino que a cada uno atribuya la providencia de Dios. La forma farisea de interpretar la Ley y realizar las prácticas religiosas ejerció mucha influencia en el pueblo sencillo, aunque no se trata de interpretaciones y prácticas exclusivas suyas, pues las compartían con otras corrientes, aunque con distintos matices y acentos en la forma de realizarlas (ver Mc 7,3-6, donde se atribuyen los lavatorios de manos a los fariseos y a "todos los judíos"). La presentación del fariseísmo en Marcos es parcial, pues subraya los aspectos negativos, creando una imagen negativa que ha pasado a la cultura occidental. El fariseísmo histórico tuvo aspectos negativos, propios de toda religiosidad de obras, por lo que también pueden aparecer en el cristianismo, como religión que da un relieve especial a la praxis. Pero también tenía aspectos positivos, y, de hecho, fue la cuna y el ambiente en que se santificaron muchas personas sinceramente religiosas. La intención de Marcos es dibujar un tipo de conducta que se puede dar en toda religión de obras y que impide conocer a Jesús. En este contexto, el fariseo es el hombre religioso activo, comprometido con el cumplimiento de sus obligaciones religiosas. Se considera miembro del grupo de los cumplidores, distintos de los pecadores. El mismo nombre refleja la psicología con la que actúan: los separados (de *faras*, "separar"), el grupo de los justos que miran por encima del hombro a los pecadores (ver Lc 18,9-12). Su deformación radical consiste en que obran con conciencia de igual a Dios, creyendo que la salvación es obra del esfuerzo humano. Reconocen que la elección del pueblo judío y la Ley son dones gratuitos, pero el cumplimiento de ésta es obra del hombre, que así "compra" a Dios la salvación. Se mueve dentro de un contrato de compra-venta: la salvación vale el cumplimiento de una serie de mandamientos; el hombre los cumple con sus propias fuerzas y Dios tiene que darle lo comprado. Esto explica una serie de características de este modo de obrar: legalismo, que se queda en la letra sin llegar al espíritu del mandamiento; casuística, que rebaja las exigencias del espíritu, permitiendo al hombre cumplir todas las letras, aunque realmente no obedezca a Dios; obrar más de la cuenta para estar seguro, "tranquilo", de que se ha cumplido y Dios los tiene que salvar; etc. Esta forma de obrar, sólo preocupada por "cumplir", convierte a la persona fácilmente en una máquina sin corazón, que "sabe" y "cumple", pero que no ama ni se siente feliz, pues realiza las prácticas religiosas como un peso insoportable (ver Mt 11,18: invitación antifarisaica). Como consecuencia, envidian al que no toma esa carga, deseando "vengarse" del que no cumple, como aparece en el hermano mayor de la parábola del Hijo Pródigo (Lc 15,25-30) y en la postura ante la adúltera (Jn 8,1-11). Por todo ello fue inevitable el choque y ruptura con Jesús, cuyo mensaje del Reino subraya el protagonismo del Padre, la gratuidad de la salvación, la necesidad de reconocerse todos pecadores y convertirse, de hacerse niños, de recibir la salvación por pura misericordia, el primado del amor, la ley al servicio de la vida... Por ello, los fariseos de todos los tiempos no pueden conocer ni aceptar a Jesús.

CAPÍTULO 2

JESÚS SE REVELA. REACCIÓN MAYORITARIAMENTE NEGATIVA DEL PUEBLO (3,7 – 6,6a)

INTRODUCCIÓN

La muchedumbre sigue a Jesús (3,7-12)
(Mt 12,15-16)

⁷Jesús se retiró con sus discípulos hacia el mar, y le siguió una gran muchedumbre de Galilea. También de Judea*, ⁸de Jerusalén, de Idumea, del otro lado del Jordán, de los alrededores de Tiro y Sidón, una gran muchedumbre, al oír lo que hacía, acudió a él. ⁹Entonces, a causa de la multitud, dijo a sus discípulos que le prepararan una pequeña barca, para que no le aplastaran. ¹⁰Pues curó a muchos, de suerte que cuantos padecían dolencias se le echaban encima para tocarle. ¹¹Y los espíritus inmundos, al verle, se arrojaban a sus pies y gritaban: «Tú eres el Hijo de Dios.» ¹²Pero él les mandaba enérgicamente que no le descubrieran.

V. 7 La puntuación es incierta. La frase «también de Judea... y Sidón» se puede unir a lo que precede o a lo que sigue.

En esta segunda sección (3,7-6,6a) continúa Marcos presentando la obra reveladora de Jesús y constata la reacción de otro grupo-tipo, el pueblo judío en general, prescindiendo de los discípulos que seguían a Jesús y de las élites religiosas (fariseos, saduceos, pontífices) y políticas (herodianos). A la luz del paralelismo que se puede establecer entre este segundo grupo y el segundo tipo de semilla en la explicación alegorizada de la parábola del sembrador (4,16s), este grupo aparece como el que recibe superficialmente la Palabra, busca a Jesús con un entusiasmo interesado, viendo en él al mesías político y al curandero poderoso que les solucionaría los problemas y les daría un pan fácil; pero a la hora de la dificultad y de la opción, la gran mayoría se echan atrás, lo rechazan y piden su muerte. Sólo una pequeña minoría –anuncio de la futura comunidad judeocristiana– lo aceptará. Fue la postura histórica de la mayor parte del pueblo judío, que, al sentirse defraudado ante la actuación de Jesús y su forma de entender el Reino de Dios, lo rechazó: un resultado negativo en el que tuvo influencia la actitud negativa de los dirigentes religiosos. Desde un punto de vista catequético, el pueblo judío, con su visión de la vida religiosa, es tipo de la religiosidad popular de todos los tiempos, caracterizado por una fe superficial, interesada y mágica. Jesús intentará evangelizar a este pueblo, pero sólo lo consigue con una minoría; a pesar de eso, nunca lo abandona y mantiene constantemente una postura positiva ante él.

La sección comienza con un sumario (3,7-12) en que se presenta al pueblo y su actitud religiosa. Hay un cambio de escena. Jesús se retira con sus discípulos hacia el mar, nombre que da impropiamente Marcos al lago de Tiberíades (o de Genesaret o de Galilea, como también es llamado). En el centro de la escena está Jesús, rodeado por sus discípulos, que cooperan con él (preparan la barca) y que aparecen así como grupo distinto del pueblo. Se describe la masa numerosa del pueblo que acude y sigue a Jesús, procedente de todas las zonas de Palestina, excepto de Samaría. La razón del seguimiento es que curaba a muchos y la gente, al oírlo, venía a él para tocarlo. Se trata de una religiosidad interesada y mágica. En este contexto popular, en cuya religiosidad es frecuente el elemento miedo, Marcos alude de nuevo (ver 1,24s.34) al testimonio de los espíritus impuros, que Jesús rechaza, revelando el dominio que tiene sobre Satanás. No quiere que el pueblo lo siga por miedo, sino libremente y por amor, atraído por su persona y su misión.

Institución de los Doce (3,13-19)
(Mt 10,1-4; Lc 6,12-16)

[13]Subió al monte y llamó a los que él quiso; y vinieron junto a él. [14]Instituyó Doce, para que estuvieran con él, y para enviarlos a predicar [15]con poder de expulsar los demonios. [16]Instituyó a los Doce y puso a Simón el nombre de Pedro; [17]a Santiago el de Zebedeo

y a Juan, el hermano de Santiago, a quienes puso por nombre Boanerges, es decir, hijos del trueno; [18]a Andrés, Felipe, Bartolomé, Mateo, Tomás, Santiago el de Alfeo, Tadeo, Simón el Cananeo [19]y Judas Iscariote, el mismo que le entregó.

La elección de los Doce (3,13-19) tiene mucha importancia. Marcos la presenta en función de la reacción de Jesús ante la masa que le busca. Sube a la ladera de un monte, no huyendo del pueblo, sino a modo de lugar elevado, para que el signo que va a realizar sea visto por todos. Llama libremente, de entre sus discípulos, a los que quiere, creando el grupo de los Doce y dándole una doble finalidad. La primera consiste en estar-con-él, en comunión de vida, constituyendo así un grupo de testigos especiales; la segunda, íntimamente relacionada con la anterior, es compartir la misión mesiánica que le ha confiado el Espíritu, resumida en proclamar el Reino y expulsar demonios (ver 1,39), finalidad misionera que ya anunció Marcos en el relato de las primeras vocaciones (1,17) y que desarrollará en la sección siguiente, cuando narre el envío del grupo (6,6b-13).

El simbolismo propio del número 12 en contexto judío apunta a Israel, el pueblo de las 12 tribus, fundadas sobre los 12 patriarcas. Este número será restaurado después de la traición de Judas (Hch 1,16) y aparecerá al final como doce piedras en los cimientos de la Jerusalén celestial (Ap 21,14). De esta forma, la acción que ha realizado Jesús es eminentemente cristológica y revela su pretensión de realizar la última llamada de Dios para convocar a su pueblo, llamada dirigida a la totalidad de Israel y destinada a su restauración escatológica, todo lo cual implica que el Reino de Dios está en acción. El grupo de los Doce, pues, tiene carácter de signo y significa la Iglesia, que debe ser un grupo de testigos y misioneros, que comparte la vida y misión de Jesús. Por otra aparte, el recordar en este contexto el cambio de nombre a Simón, tiene un sentido especial, pues Pedro es un nombre teológico, nombre de oficio eclesial dado por Jesús y reconocido por toda la Iglesia primitiva. Esto da un matiz especial al significado del grupo encabezado por Simón Pedro. Marcos amplía así el aspecto eclesial del signo Doce con una tarea histórica de dirección, que realizará el grupo en la Iglesia primitiva. Finalmente, el grupo de testigos cualificados será la continuación reconocible de la obra de Jesús, tendiendo un puente entre el presente eclesial en que escribe Marcos y la obra de Jesús.

1. Jesús incomprendido y rechazado por su familia y los escribas

Sus parientes lo buscan (3,20-21)

²⁰Vuelve a casa. Se aglomera otra vez la muchedumbre de modo que no podían comer. ²¹Se enteraron sus parientes y fueron a hacerse cargo de él, pues decían: «Está fuera de sí.»

Este primer desarrollo consta de cuatro relatos, dos relacionados con la familia de Jesús (primero y último) y otros dos con los escribas (segundo y tercero): el primero y segundo presentan las posturas de familia y de escribas, el tercero y cuarto ofrece las respuestas de Jesús a cada grupo.

Los familiares (3,20-21). El pueblo viene en busca de Jesús y lo rodea hasta el punto de no dejarle siquiera comer. Lo oyen sus familiares y vienen en busca de él para llevárselo a la fuerza con ellos, «pues decían: "Está fuera de sí"». El texto es ambiguo y no queda claro quién decía que Jesús estaba loco, si la gente (plural impersonal equivalente a "se decía"; véase Jn 10,20) o los familiares de Jesús. En ambos casos la reacción de la familia es la misma: vienen a llevárselo a la fuerza con ellos a Nazaret, no porque no le dejen ni comer, sino por la acusación de que ha perdido la cabeza y actúa como un falso profeta, en cuyo caso la familia está obligada a hacerle entrar en razón (ver Dt 13,2-12; Za 13,2-5). Esta breve nota recoge la tradición según la cual su familia no reconoció a Jesús (ver Jn 7,5). Marcos la emplea y coloca aquí para mostrar un primer tipo de respuesta popular: la familia no comprende la acción de Jesús. En su brevedad el texto sugiere que se ha dado un cambio radical en el estilo de vida de Jesús desde que dejó la vida oculta de Nazaret.

Calumnias de los escribas (3,22)
(Mt 12,24-32; Lc 15,23; 12,10)

²²Los escribas que habían bajado de Jerusalén decían: «Está poseído por Beelzebul» y «por el príncipe de los demonios expulsa los demonios.»

Ya antes han aparecido escribas, pero eran galileos. Éstos vienen de Jerusalén (3,22) y tienen más prestigio. Su juicio sobre la obra de

Jesús está relacionado con el anterior: si está loco lo es porque está poseído por Beelzebul, jefe de los demonios, y con este poder realiza los exorcismos. Con este juicio intentan anular la fuerza de los signos ante el pueblo. Es la postura dogmática propia del grupo.

Respuesta de Jesús a los escribas (3,23-30)
(Mt 12,24-32; Lc 11,15-23; 12,10)

[23]Él, llamándolos junto a sí, les decía en parábolas: «¿Cómo puede Satanás expulsar a Satanás? [24]Si un Reino está dividido contra sí mismo, ese Reino no puede subsistir. [25]Si una casa está dividida contra sí misma, esa casa no podrá subsistir. [26]Y si Satanás se ha alzado contra sí mismo y está dividido, no puede subsistir, pues ha llegado su fin. [27]Pero nadie puede entrar en la casa del fuerte y saquear su ajuar, si no ata primero al fuerte; entonces podrá saquear su casa. [28]Yo os aseguro que se perdonará todo a los hijos de los hombres, los pecados y las blasfemias, por muchas que éstas sean. [29]Pero el que blasfeme contra el Espíritu Santo, no tendrá perdón nunca, antes bien, será reo de pecado eterno.» [30]Es que decían: «Está poseído por un espíritu inmundo.»

La respuesta a los escribas procede en tres pasos: Jesús rechaza este juicio porque Satanás no puede luchar contra sí mismo; después ofrece la verdadera interpretación: los exorcismos significan que él es el Más Fuerte, porque es el enviado de Dios todopoderoso (ver 1,7) y ya, en un momento del pasado, ha atado al Fuerte (ver tentaciones) y ahora se dispone a despojarle de todo cuanto ha robado. Para Marcos los exorcismos muestran que el Reino ya está presente por la eficacia de la obra de Jesús, que presentó como consumada por el hecho de haber elegido correctamente al superar la tentación, optando por seguir siempre la voluntad de Dios. Finalmente Jesús enjuicia la postura de los escribas: atribuir al demonio lo que es obra del Espíritu Santo es no admitir la luz de la gracia divina y el perdón que de ella deriva. Los que piensan así pecan contra el Espíritu Santo de Dios, el que crea profetas y dispone a los hombres para recibir la verdad. Es el peor de los pecados y no tiene perdón, en cuanto que su misma esencia consiste en cerrarse a la verdad y al perdón. Se trata de un juicio grave de Jesús, por lo que está introducido con las palabras «Yo os aseguro» (literalmente: «En verdad os digo». Ver más adelante, en 8,12, otra solemne declaración antifarisea con la misma introducción).

Respuesta a los familiares (3,31-35)
(Mt 12,46-50; Lc 8,19-21)

³¹Llegan su madre y sus hermanos y, quedándose fuera, le envían a llamar. ³²Estaba mucha gente sentada a su alrededor. Le dicen: «¡Oye!, tu madre, tus hermanos y tus hermanas están fuera y te buscan.» ³³Él les responde: «¿Quién es mi madre y mis hermanos?» ³⁴Y mirando en torno a los que estaban sentados en corro, a su alrededor, dice: «Estos son mi madre y mis hermanos. ³⁵Quien cumpla la voluntad de Dios, ése es mi hermano, mi hermana y mi madre».

Respondiendo a sus familiares, Jesús afirma que el fundamento de las relaciones familiares con él, lo que realmente crea su familia, no es la carne, sino el hacer la voluntad de Dios. De este modo Jesús se manifiesta como conocedor de la voluntad de Dios y declara que ésta es el motivo que lo mueve y del que nadie, ni sus familiares según la carne, lo apartarán. Por ello sus familiares reales son los que están en esta sintonía. Marcos habla de los familiares de Jesús en general, el clan familiar que no lo reconoció hasta después de la resurrección, sin especificar algunas posturas particulares que podrían ser distintas, como la de María. No tiene preocupación mariológica. Otros evangelistas, como Mateo y especialmente Lucas, mejorarán la presentación de esta tradición, colocándola en un contexto más positivo y omitiendo la información que da Marcos en 3,20-21.

2. LAS PARÁBOLAS: REFLEXIÓN SOBRE LA INCREDULIDAD

Parábola del sembrador (4,1-9)
(Mt 13,1-9; Lc 8,4-8)

4 ¹Y otra vez se puso a enseñar a orillas del mar. Y se reunió tanta gente junto a él que hubo de subir a una barca y, ya en el mar, se sentó; toda la gente estaba en tierra a la orilla del mar. ²Les enseñaba muchas cosas por medio de parábolas. Les decía en su instrucción:

[3]«Escuchad. Una vez salió un sembrador a sembrar. [4]Y sucedió que, al sembrar, una parte cayó a lo largo del camino; vinieron las aves y se la comieron. [5]Otra parte cayó en terreno pedregoso, donde no tenía mucha tierra, y brotó en seguida por no tener hondura de tierra; [6]pero cuando salió el sol se agostó y, por no tener raíz, se secó. [7]Otra parte cayó entre abrojos; crecieron los abrojos y la ahogaron, y no dio fruto*. [8]Otras partes cayeron en tierra buena y, creciendo y desarrollándose, dieron fruto; unas produjeron treinta, otras sesenta, otras ciento.» [9]Y decía: «Quien tenga oídos para oír, que oiga».

V. 8 Variante (Vulgata): «dieron fruto que crecía y se desarrollaba».

Las parábolas (4,1-34) ofrecen en su conjunto una reflexión sobre la incredulidad (4,1-34). Después de haber presentado la reacción negativa del mundo fariseo y la de los familiares (una parte del pueblo que anuncia lo que será la respuesta de la mayor parte del mismo), Marcos ofrece el discurso en parábolas, centrado en el dinamismo del Reino y en la razón de las respuestas positivas y negativas que se dan ante él. Invita así al lector a reflexionar sobre la fe e incredulidad.

Como género literario, la parábola es una comparación desarrollada, que en su forma más pura sólo tiene un término de comparación. Las parábolas evangélicas tienen muchas afinidades con las rabínicas y constan de (a) una introducción («¿A quién compararé? Es semejante [el núcleo del relato] a...»), (b) un cuerpo (historia inventada o tomada de la realidad) y (c) una conclusión. Su finalidad es positiva: ayudar a comprender. Si a veces tiene carácter de enigma, no lo es para que no se entienda, sino como medio para provocar la reflexión y así aprender mejor la enseñanza. Ahora bien, este proceso de reflexión, que lleva de la historia propuesta a su significado, exige simpatía del corazón con la enseñanza que se ha de descubrir. El corazón y las opciones tomadas condicionan la capacidad de entender. Si el corazón no ve, el entendimiento tampoco llegará a ver. Por ello, este procedimiento es ambiguo: puede facilitar o puede imposibilitar la comprensión, revelando a su vez la situación del corazón. Jesús empleó las parábolas con una finalidad positiva en su predicación del Reino, ya que este tipo de lenguaje, simbólico y sugerente, era muy apropiado para proclamar una realidad transcendente; pero, como exigía los ojos y oídos del corazón, resultaba con frecuencia una enseñanza oscura y enigmática. Partiendo de esta constatación, Marcos presenta las parábolas como un medio negativo que empleó Jesús para que el pueblo no entendiera, presentando lo que de hecho sucedió por culpa de la mala disposición del pueblo, como algo directamente querido por Dios, Causa Primera de la incredulidad. Marcos, de esta forma, viene a decir: son incrédulos, porque Dios así lo ha dispuesto y, por ello, Jesús les hablaba en parábolas, para que no entendieran. Aunque Marcos también presenta a continuación la responsabilidad de los incrédulos en la explicación alegorizada de la parábola del sembrador, carga las tintas sobre la acción de Dios. Realmente el problema de la incredulidad judía preocupó mucho a la comunidad primitiva. Una forma de resolverlo era vincularlo a Dios (de diversas formas, por ejemplo presentando a Dios como causa inmediata de la incredulidad, o a la luz de citas del AT); hecho esto, aunque no se conociera exactamente la razón de esta disposición divina, como el pueblo sabe que Dios es sabio, se fía de él y así encuentra cierta explicación y se consuela. Es algo parecido a como reaccionamos nosotros cuando hacemos un acto de confianza en Dios en los momentos de dolor absurdo... El procedimiento siempre ha sido discutible y, por eso, ya en tiempos de Marcos no se comprendía bien, por lo que Mateo y Lucas mejoran y matizan esta forma de explicar la incredulidad, cargando las tintas sobre la responsabilidad humana.

El conjunto de esta sección de parábolas consta de dos partes: enseñanza en público y en privado, siguiendo la frecuente alternancia público – privado – público que se da en Marcos.

Comienza en público con la parábola del sembrador (4,1-9). Jesús, rodeado por el pueblo, junto al mar, les enseñaba con muchas parábolas. La primera de ellas es la del sembrador. La parábola posiblemente fue pronunciada por Jesús en una situación de desánimo de los discípulos ante el rumbo aparentemente negativo que seguía la misión: cada día eran menos los que lo seguían. El hecho narrado pudo ser creado libremente por Jesús o inspirarse en la visión de un sembrador. Un sembrador palestino siembra en una tierra en malas condiciones, como solía ser la de Palestina. Lo hace consciente de que parte de la semilla se perderá, pero el resultado final justificará el esfuerzo: ¡habrá cosecha! Esta es la lección que enseña Jesús a sus discípulos: a pesar de estas experiencias negativas, a pesar de las aparentes pérdidas de semilla, habrá cosecha, vendrá el Reino de Dios en plenitud. Igual sucede con la siembra del Reino: a pesar del aparente fracaso del presente, ¡habrá cosecha!

Por qué habla Jesús en parábolas (4,10-12)
(Mt 13,1-15; Lc 8,9-10)

[10]Cuando quedó a solas, los que le seguían a una con los Doce le preguntaban sobre las parábolas. [11]Él les dijo: «A vosotros se os ha dado el misterio del Reino de Dios, pero a los que están fuera todo se les presenta en parábolas, [12]para que *por mucho que miren no vean, por mucho que oigan no entiendan, no sea que se conviertan y se les perdone*».

Ahora Jesús habla a solas al grupo de los Doce y a un pequeño grupo de seguidores, explicándoles la razón de la fe y la incredulidad. Ellos han recibido de Dios la gracia de entender el misterio del Reino y de la persona de Jesús, su heraldo, no así los que no pertenecen al grupo de los discípulos, para los que toda esta enseñanza es enigmática. El sentido de 4,11-12 es incomprensible para el lector actual. En realidad Jesús no pronunció estas palabras en esta ocasión ni con este sentido, sino que fue Marcos quien las insertó aquí en función de su explicación de la incredulidad. El sentido primitivo de Mc 4,11-12 no tenía relación con el género literario "parábola". Jesús, hablando en general de la predicación sobre el Reino, dijo:

a vosotros se os ha dado a conocer el misterio del Reino;
a los de fuera todo se vuelve un enigma.

Se trata de una frase antitética, en la que se contraponen vosotros/los de fuera y conocer/enigma. Jesús dice a sus discípulos que han recibido la gracia de conocer los misterios de Dios que expone en su predicación, cosa que no sucede con los que no son discípulos, "los de fuera", para los que esta predicación no tiene sentido, resulta enigmática. Enigma en hebreo se dice *mashal*, palabra que además puede tener otros significados, como "comparación", "parábola". Marcos, por su parte, toma esta sentencia de la tradición y la coloca en el contexto de las parábolas, dando, además, al término *mashal* el sentido de parábola, género literario. Presenta así el *mashal*-parábola como un procedimiento querido por Dios para que no comprendan. A esto añade una cita de Is 6,9-10, un texto provocativo de Isaías en que, con sentido positivo y para estimular al pueblo, Dios asegura al profeta a quien envía que no le van a hacer caso, porque son unos incrédulos, cerrados a la revelación que se niegan a recibir. Marcos emplea aquí la cita en sentido negativo y la introduce con "para que", fórmula que indica que se trata de un cumplimiento de la Escritura, es decir, de una realización del plan dispuesto por Dios. De esta forma atribuye el fenómeno de la incredulidad a Dios, Causa primera de todo lo que sucede, lo que implica que, aunque fenómeno negativo, no escapa del control de Dios sobre la historia.

Explicación de la parábola del sembrador (4,13-20)
(Mt 13,18-23; Lc 8,11-15)

[13]Y les dice: «¿No entendéis esta parábola? ¿Cómo, entonces, comprenderéis todas las parábolas? [14]El sembrador siembra la palabra. [15]Los que están a lo largo del camino donde se siembra la palabra son aquellos que, en cuanto la oyen, viene Satanás y se lleva la palabra sembrada en ellos. [16]De igual modo, los sembrados en terreno pedregoso son los que, al oír la palabra, al punto la reciben con alegría, [17]pero no tienen raíz en sí mismos, sino que son inconstantes; y en cuanto se presenta una tribulación o persecución por causa de la palabra, sucumben en seguida. [18]Y otros son los sembrados entre los abrojos; son los que han oído la palabra, [19]pero las preocupaciones del mundo, la seducción de las riquezas y las demás concupiscencias les invaden y ahogan la palabra, y queda sin fruto. [20]Y los sembrados en tierra buena son aquellos que oyen la palabra, la acogen y dan fruto, unos treinta, otros sesenta, otros ciento».

La explicación alegorizada de la parábola del sembrador presenta el otro factor responsable de la fe y la incredulidad: la responsabilidad humana, la situación del corazón que acoge la palabra. El hecho de que la semilla no sea acogida no se debe a su mala calidad, sino a la calidad de la tierra que la recibe. Posiblemente Marcos piensa en los grandes grupos-tipo que aparecen en su catequesis: fariseos-publicanos (camino), pueblo (terreno pedregoso), presente de los discípulos (espinas), lo que deben ser los discípulos (tierra buena). Este sentido alegórico es secundario y fue creado por la comunidad primitiva, que gustaba de buscar nuevos sentidos a las palabras y hechos de Jesús. En la introducción al texto Jesús recrimina a sus discípulos el que no conozcan el sentido de la parábola, después de haber recibido el don de comprender (4,13). Es un tema frecuente en Marcos (ver 6,52; 7,18; 8,17-18.21.33; 9,10.32; 10,38). Es que, como pondrá de relieve el contexto siguiente (4,40; 6,52; 7,18; 8,17s), el don de conocer implica también la tarea de profundizar (en la segunda parte de su obra, expondrá Marcos las actitudes que favorecen e impiden este profundizar).

Cómo recibir y transmitir la enseñanza de Jesús (4,21-25)
(Mt 5,15; 10,26; 7,2; 25,29 Lc 8,16-18; 11,35;12,2; 19,26)

[21]Les decía también: «¿Acaso se trae la lámpara para ponerla debajo del celemín o debajo del lecho? ¿No es para ponerla sobre el candelero? [22]Pues nada hay oculto si no es para que sea manifestado; nada ha sucedido en secreto, sino para que venga a ser descubierto. [23]Quien tenga oídos para oír, que oiga.»
[24]Les decía también: «Atended a lo que escucháis. Con la medida con que midáis, se os medirá y aun con creces. [25]Porque al que tiene se le dará, y al que no tiene, aun lo que tiene se le quitará».

La parábola de la lámpara en este contexto da a entender que, a pesar de la situación de incredulidad y del consiguiente pesimismo que suele crear, la Palabra debe ser proclamada. Que lo entienda todo el que ha recibido el don de creer, que es un don dinámico con el que hay que cooperar para ir creciendo y superar las dificultades (pensemos en la comunidad de Marcos y en su problema de desánimo ante las dificultades, por no conocer correctamente a Jesús y su modo de obrar). Esta exhortación a reaccionar ante la incredulidad y la parálisis que produce es reforzada con la parábola de la medida: los discípulos serán medidos en el juicio final con la misma medida con que reciban el Reino y se entreguen a darlo a conocer. El saber reaccionar positivamente ante esta situación es tan fundamental que se juegan el futuro escatológico. Los dones recibidos de Dios exigen cooperar con ellos para que vayan creciendo; la no cooperación implica que se irán perdiendo poco a poco.

Parábola de la semilla que crece por sí sola (4,26-29)

²⁶También decía: «El Reino de Dios es como un hombre que echa el grano en la tierra; ²⁷duerma o se levante, de noche o de día, el grano brota y crece, sin que él sepa cómo. ²⁸La tierra da el fruto por sí misma; primero hierba, luego espiga, después trigo abundante en la espiga. ²⁹Y cuando el fruto lo admite, en seguida se le mete la hoz, porque ha llegado la siega».

De nuevo en público, desde la barca, Jesús enseña al pueblo dos parábolas sobre el dinamismo del Reino (4,26-32), cuyo conocimiento es fundamental para superar la incredulidad. La primera, propia de Marcos, es la parábola de la semilla que crece sola (4,26-29): Dios es el protagonista de la obra del Reino; lo ha sembrado en la historia con un dinamismo que no fallará y llegará a su plenitud; por ello las mediaciones humanas, aunque necesarias, son secundarias. Hay que fiarse más del proceder sabio y poderoso de Dios, protagonista, y no caer en el pesimismo por la pobreza del presente.

Parábola del grano de mostaza (4,30-32)
(Mt 13,31-32; Lc 13,18-19)

³⁰Decía también: «¿Con qué compararemos el Reino de Dios o con qué parábola lo expondremos? ³¹Es como un grano de mostaza que, cuando se siembra en la tierra, es más pequeña que cualquier semilla que se siembra en la tierra; ³²pero una vez sembrada, crece y se hace mayor que todas las hortalizas y echa ramas tan grandes que las aves del cielo anidan a su sombra».

La parábola del grano de mostaza alude al contraste que existe entre el presente y el futuro del Reino, si bien en la pobreza del presente ya está oculta la grandeza del futuro, por el poder de Dios. Por ello, no hay que desanimarse ante la pobreza presente ni ante el aparente fracaso. No se trata de ver la continuidad biológica que hay entre la semilla y el arbusto, pues el pueblo judío ignoraba este fenómeno y creía que la continuidad se debía al poder de Dios, que realizaba un milagro en cada planta que crecía. En la fase actual el reinar de Dios no ejerce todo su poder, sino que es presencia humilde, pero real y dinámica, por lo que hay que huir de todo tipo de triunfalismo. El discípulo ha de ser consciente para valorar las pequeñas realidades.

Conclusión de las parábolas (4,33-34)
(Mt 13,34-35)

³³Y les anunciaba la palabra con muchas parábolas como éstas, según podían entenderle; ³⁴no les hablaba sin parábolas; pero a sus propios discípulos se lo explicaba todo en privado.

La conclusión generaliza la presentación "en público – en privado" con que se han presentado las parábolas: Jesús hablaba al pueblo en parábolas, según su capacidad de comprender, pero a sus propios discípulos se las explicaba aparte. El mismo procedimiento reaparece otras veces (ver 7,17; 9,28; 10,10; 13,3).

Las parábolas, pues, están en línea con la naturaleza del Reino de Dios e invitan a vivir un aspecto importante inherente a él: la pobreza, la debilidad, el ocultamiento del poder de Dios, del que se afirma que está en acción. Si el Reino de Dios Padre es creación de un mundo nuevo filial, esto implica un total respeto a la libertad del hombre, que podrá responder negativamente, sin que le pase nada aquí y ahora. Hay que contar con el fenómeno de la incredulidad. Pero, por otra parte, hay que vivir esta realidad con ánimo y optimismo, conscientes de que el que reina es Dios, Señor todopoderoso, y que, por ello, su obra llegará a la consumación.

3. SIGNOS EN TORNO AL LAGO

La tempestad calmada (4,35-41)
(Mt 8,18.23-27; Lc 8,22-25)

³⁵Este día, al atardecer, les dice: «Pasemos a la otra orilla.» ³⁶Despiden a la gente y le llevan en la barca, como estaba; e iban otras barcas con él. ³⁷En esto, se levantó una fuerte borrasca y las olas irrumpían en la barca, de suerte que ya se anegaba la barca. ³⁸Él estaba en popa, durmiendo sobre un cabezal. Le despiertan y le dicen: «Maestro, ¿no te importa que perezcamos?» ³⁹Él, habiéndose despertado, increpó al viento y dijo al mar: «¡Calla, enmudece!» El viento se calmó y sobrevino una gran bonanza. ⁴⁰Y les dijo: «¿Por

qué estáis con tanto miedo? ¿Cómo no tenéis fe*?» ⁴¹Ellos se llenaron de gran temor y se decían unos a otros: «Pues ¿quién es éste que hasta el viento y el mar le obedecen?».

V. 40. Variante: «Aún no tenéis fe».

Los signos en torno al lago (4,35 – 5,43) revelan a Jesús y su obra, y ponen de manifiesto diversos tipos de reacciones del pueblo. El primero es la tempestad calmada. Marcos narra tres travesías del lago (ver además 6,45-52; 8,13-21), que son siempre ocasión de experiencias especiales de los discípulos. En ésta los discípulos están en peligro de muerte. Las olas los amenazan (ver 2 S 22,5; Sal 18,17; 69,3.4: símbolos de la muerte), pero Jesús actúa, calma la tempestad con su palabra y se revela como Señor de la creación. Sin embargo, los discípulos no comprenden. Los embarcados, que según el contexto son todos los que han recibido el don de conocer y han oído las explicaciones privadas de Jesús, temen durante la tempestad y Jesús de nuevo (ver 4,13) les recrimina la falta de fe, que ya debían tener («¿Cómo no tenéis fe?»: 4,40). Jesús los ha expuesto a un peligro para que tomen conciencia de la calidad de su fe. A la luz de todo lo que han experimentado, sólo llegan a llamar a Jesús "Maestro". A pesar de estar con Jesús, aún no lo conocen y, por ello, se muestran tímidos en la dificultad, pero tienen capacidad de sorpresa ante el misterio y son capaces de interrogarse, con un interrogante abierto, por el misterio de la persona de Jesús, que se revela como Señor de la creación.

El endemoniado de Gerasa (5,1-20)
(Mt 8,28-34; Lc 8,26-39)

5 ¹Y llegaron al otro lado del mar, a la región de los gerasenos. ²Apenas saltó de la barca, vino a su encuentro, de entre los sepulcros, un hombre con espíritu inmundo ³que moraba en los sepulcros y a quien nadie podía ya tenerle atado ni siquiera con cadenas, ⁴pues muchas veces le habían atado con grillos y cadenas, pero él había roto las cadenas y destrozado los grillos, y nadie podía dominarle. ⁵Y siempre, noche y día, andaba entre los sepulcros y por los montes, dando gritos e hiriéndose con piedras. ⁶Al ver de lejos a Jesús, corrió y se postró ante él ⁷y gritó con fuerte voz: «¿Qué tengo yo contigo, Jesús, Hijo de Dios Altísimo? Te conjuro por Dios que no me atormentes.» [8]Es que él le había dicho: «Espíritu inmundo, sal de este hombre.» [9]Y le preguntó: «¿Cuál es tu nombre?» Le contesta: «Mi nombre es Legión, porque somos muchos.» [10]Y le suplicaba con insistencia que no los echara fuera de la región. [11]Había allí una gran piara de puercos que pacían al pie del monte; [12]y le suplicaron: «Envíanos a los puercos para que entremos en ellos.» [13]Y se lo permitió. Entonces los espíritus inmundos salieron y entraron en los puercos, y la piara –unos dos mil– se arrojó al mar de lo alto del precipicio y se fueron ahogando en el mar. [14]Los porqueros huyeron y lo contaron por la ciudad y por las aldeas; y salió la gente a ver qué era lo que había ocurrido. [15]Llegan junto a Jesús y ven al endemoniado, al que había tenido la Legión, sentado, vestido y en su sano juicio, y se llenaron de temor. [16]Los que lo habían visto les contaron lo ocurrido al endemoniado y lo de los puercos. [17]Entonces comenzaron a rogarle que se alejara de su término. [18]Y al subir a la barca, el que había estado endemoniado le pedía estar con él. [19]Pero no se lo concedió, sino que le dijo: «Vete a tu casa, con los tuyos, y cuéntales lo que el Señor ha hecho contigo y que ha tenido compasión de ti.» [20]Él se fue y empezó a proclamar por la Decápolis todo lo que Jesús había hecho con él, y todos quedaban maravillados.

Gerasa, una de las ciudades de la Decápolis, la actual Jerash en Jordania, está situada a más de 50 km del lago de Tiberíades, por lo que no es posible que tuviera lugar allí el episodio tal como se narra. Ello explica que Mateo lo situara en Gadara, al sudeste del lago. Posiblemente Marcos ha unido dos episodios distintos. El primero (vv. 1-8 y 18-20) narraría que Jesús había realizado un simple exorcismo en la región de Gerasa, el segundo que Jesús manda los demonios a los puercos y éstos se precipitan en el lago (ver Mt 8,28-34). Sea lo que fuere, tal como está el relato, se trata de un exorcismo realizado por Jesús narrado con varios elementos religiosos populares, que posiblemente proceden de la transmisión del hecho en medios populares. Consta de dos partes: lo que Jesús puede y lo que no puede. Jesús puede vencer al espíritu impuro que se ha apoderado de un hombre, reduciéndolo a una situación inhumana y excluido de la sociedad. El relato popular subraya la fiereza del endemoniado para destacar, por contraste, el poder de Jesús, ante el que se rinde el espíritu impuro, a pesar de ser muchos, y es enviado al fondo del "caos", su propia morada, dentro de sus propios animales, los cerdos (animal también impuro en contexto judío). Pero Jesús no puede ante los hombres, que lo invitan a marcharse, porque la curación del poseso ha implicado pérdidas materiales (ver Hch 16,19; 19,23ss). Con relación al curado, Jesús le manda que se quede en tierra, en la que da testimonio y triunfa donde no pudo Jesús. Es un anuncio de la futura misión de la Iglesia. El relato, pues, por una parte revela a Jesús como el que destruye el poder de Satanás y devuelve al hombre la dignidad perdida y, por otra, presenta otro tipo de reacción del pueblo: rechazan a Jesús por intereses económicos (ver 4,19).

Curación de una hemorroísa y resurrección de la hija de Jairo (5,21-43)
(Mt 9,18-26; Lc 8,40-56)

²¹Jesús pasó de nuevo en la barca* a la otra orilla y se aglomeró junto a él mucha gente; él estaba a la orilla del mar. ²²Llega uno de los jefes de la sinagoga, llamado Jairo, y al verle, cae a sus pies, ²³y le suplica con insistencia diciendo: «Mi hija está a punto de morir; ven, impón tus manos sobre ella, para que se salve y viva.» ²⁴Y se fue con él. Le seguía un gran gentío que le oprimía.

²⁵Entonces, una mujer que padecía flujo de sangre desde hacía doce años, ²⁶y que había sufrido mucho con muchos médicos y había gastado todos sus bienes sin provecho alguno, antes bien, yendo a peor, ²⁷habiendo oído lo que se decía de Jesús, se acercó por detrás entre la gente y tocó su manto. ²⁸Pues decía: «Si logro tocar aunque sólo sea sus vestidos, me salvaré.» ²⁹Inmediatamente se le secó la fuente de sangre y sintió en su cuerpo que quedaba sana del mal. ³⁰Al instante Jesús, dándose cuenta de la fuerza que había salido de él, se volvió entre la gente y decía: «¿Quién me ha tocado los vestidos?» ³¹Sus discípulos le *contestaban*: «Estás viendo que la gente te oprime y preguntas: "¿Quién me ha tocado?"» ³²Pero él miraba a su alrededor para descubrir a la que lo había hecho. ³³Entonces, la mujer, viendo lo que le había sucedido, se acercó atemorizada y temblorosa, se postró ante él y le contó toda la verdad. ³⁴Él le dijo: «Hija, tu fe te ha salvado; vete en paz y queda curada de tu enfermedad.»

³⁵Mientras estaba hablando llegan de la casa del jefe de la sinagoga unos diciendo: «Tu hija ha muerto; ¿a qué molestar ya al Maes-

tro?» [36]Jesús, que oyó lo que habían dicho, dice al jefe de la sinagoga: «No temas; solamente ten fe.» [37]Y no permitió que nadie le
acompañara, a no ser Pedro, Santiago y Juan, el hermano de Santiago. [38]Llegan a la casa del jefe de la sinagoga y observa el alboroto,
unos que lloraban y otros que daban grandes alaridos. [39]Entra y les
dice: «¿Por qué alborotáis y lloráis? La niña no ha muerto; está dor-
mida.» [40]Y se burlaban de él. Pero él, después de echar fuera a todos,
toma consigo al padre de la niña, a la madre y a los suyos, y entra
donde estaba la niña. [41]Y tomando la mano de la niña, le dice: «*Talitá
kum*», que quiere decir: «Muchacha, a ti te digo, levántate.» [42]La
muchacha se levantó al instante y se puso a andar, pues tenía doce
años. Quedaron fuera de sí, llenos de estupor. [43]Y les insistió mucho
en que nadie lo supiera; y les dijo que le dieran a ella de comer.

V. 20 Variante: algunos manuscritos omiten «en la barca».

La hemorroisa y la revivificación de la hija de Jairo son dos relatos íntimamente unidos por razones teológicas (el que puede curar,
puede resucitar) y literarias (el episodio de la hemorroísa da tiempo
"literario" para que muera la hija de Jairo, que estaba muy grave). En
ambos aparece Jesús revelando el Reino como destrucción del dolor
y la muerte, y como el catequista que ayuda a pasar de la fe mágica
popular a la fe cristiana.

Jairo (5,21-24) cree que Jesús puede resolver un caso muy difícil,
como curar a su hija, gravemente enferma. Jesús acepta ir a curarla.

La hemorroisa (5,25-34) sufre flujos permanentes anormales de
sangre, lo que, además de los sufrimientos propios de la enfermedad,
la convierten en mujer en estado permanente de impureza ritual (Lv
15,19-30), excluida del servicio divino y de relaciones matrimoniales y
sociales normales. Ha intentado por todos los medios superar la enfermedad, pero no ha conseguida nada. Ha perdido sus bienes y cada vez
está peor. En esta situación desesperada se acerca a Jesús en actitud
mágica: "oye" hablar de su poder y "toca" a Jesús (ver 3,8-10: descrip-
ción de la fe mágica del pueblo: oyen, van a tocar). El resultado fue su
curación. Pero Jesús pregunta una y otra vez por lo que ha sucedido.
Los discípulos respondían que la pregunta no tenía sentido, pues lo
oprimía la masa que lo rodeaba. Pero Jesús insiste para provocar una
relación personal de la mujer con él, haciendo así que su fe pasase de

mágica a cristiana. La mujer creía que Jesús poseía una fuerza curativa especial, que fluía de su persona y curaba. Efectivamente, tocó a Jesús y quedó curada. Pero esto no basta para Jesús, que provoca un acto de fe en su persona, estableciendo un diálogo personal con la mujer, a la que llama cariñosamente hija: " tu fe te ha salvado; vete en paz y queda curada de tu enfermedad.". Marcos repite que quedó curada gracias a su fe, es decir, se completó el proceso de curación que ofrece Jesús, que abarca a toda la persona e implica no sólo salud corporal, sino también fe en su persona. Así, Jesús hace pasar de la fe mágica a la fe cristiana, que implica una relación personal con él como salvador.

Mientras tanto ha muerto la hija de Jairo. Se lo comunican al padre, considerando ya el caso imposible y sugiriendo por ello que Jesús no vaya a la casa. Jesús oye lo que se está diciendo a su lado e invita a Jairo a profundizar en la fe. Después se dirige a la casa donde estaba la niña, acompañado sólo por Pedro, Santiago y Juan, los tres que también serán testigos de su transfiguración (9,2) y de su agonía (14,23). Llegan a la casa y se encuentra con las manifestaciones normales de luto entre los judíos, que solían consistir en grandes lloros y alaridos por parte de algunas mujeres. Esto era signo de que la niña estaba realmente muerta, pero para Jesús la muerte sólo es un sueño. Los presentes se ríen de esta afirmación, porque realmente estaba muerta. Toma a la niña de la mano y le dice: «Niña, levántate», palabras que Marcos recuerda en arameo, la lengua nativa de Jesús: *Talitá kum*. La niña recupera la vida, se incorpora y echa a andar. Marcos añade dos detalles: la niña tenía doce años y Jesús manda que le den de comer.

Marcos ofrece, pues, dos reacciones positivas del pueblo, que ha pasado de la fe pagana a la cristiana con la ayuda de Jesús. Para la hemorroisa, la curación era cuestión de tocar, pero Jesús le invita a pasar a una relación personal. Para Jairo, Jesús puede solucionar casos difíciles, pero no puede resucitar, acción que es precisamente el centro de la obra de Jesús, el que resucitó y nos resucitará. Y éste le ayuda a profundizar en la fe. Es un anuncio de la minoría judeocristiana que formará parte de la comunidad cristiana y, por otro lado, un paradigma del comportamiento que han de tener los discípulos ante la religiosidad popular. Empezó esta sección con la presentación de la fe popular y la elección de los Doce en función del pueblo y termina dando una lección a los Doce sobre la religiosidad popular.

CONCLUSIÓN

Visita a Nazaret (6,1-6)
(Mt 13,53-58; Lc 4,16-30)

6 ¹Salió de allí y vino a su patria, y sus discípulos le siguen. ²Cuando llegó el sábado se puso a enseñar en la sinagoga. La multitud, al oírle, quedaba maravillada, y decía: «¿De dónde le viene esto? y ¿qué sabiduría es esta que le ha sido dada? ¿Y esos milagros hechos por sus manos? ³¿No es éste el *artesano*, el hijo de María y hermano de Santiago, Joset*, Judas y Simón? ¿Y no están sus hermanas aquí entre nosotros?» Y se escandalizaban a causa de él. ⁴Jesús les dijo: «Un profeta sólo en su patria, entre sus parientes y en su casa carece de prestigio.» ⁵Y no podía hacer allí ningún milagro, a excepción de unos pocos enfermos a quienes curó imponiéndoles las manos. ⁶Y se maravilló de su falta de fe.

V. 3 Variante: «José» o «Josefo».

Este relato es la conclusión de toda la segunda sección dedicada a la revelación de Jesús y a la reacción del pueblo. Jesús fue rechazado incluso en su patria chica, Nazaret, que es aquí tipo del pueblo judío. Jesús va ahora voluntariamente a su pueblo, adonde le quisieron llevar a la fuerza los suyos, porque se decía que no estaba bien de la cabeza, posiblemente porque estaba endemoniado como decían los escribas (ver 3,21-22). De nuevo actúa en una sinagoga, lugar donde comenzó la proclamación (1,21) y donde lo rechazan los fariseos (3,6). Ahora está en la de sus paisanos, que van a generalizar el rechazo anunciado al comienzo de esta sección por sus familiares y ya no se volverá a hablar más de sinagoga. En ella enseña y se maravillan de sus enseñanzas y obras. ¿Pero de dónde viene esta enseñanza y signos? Este es el problema. ¿De Dios, lo cual implicaría que Dios estaba actuando en la debilidad por medio de un hombre igual a ellos, cuya familia vivía entre ellos? Si no viene de Dios, la única solución es la que dan los escribas venidos de Jerusalén (3,22): está endemoniado y actúa con el poder de Beelzebul. El rechazo sugiere esta segunda respuesta: se escandalizan de él, por creerle endemoniado. Y lo rechazan. Jesús comenta el rechazo como la suerte del profeta en su patria, con lo que implícitamente rechaza esa interpretación, reconociéndose como profeta enviado por Dios. Y por otra parte, se admira ante esta incredulidad. La mentalidad triunfalista del pueblo no le permite reconocer la ventaja de un Dios que se encarna y hace cercano para salvar a sus hermanos los hombres, que le impide poder ejercer su poder salvador en favor de sus paisanos. No es que no tenga poder, sino que la fuerza que ejerce libremente sobre la naturaleza (ver 4,41) no la quiere imponer a los hombres, a los que exige fe y libre decisión. Con todo, no fue rechazo total, pues pudo curar a unos pocos.

En el relato se alude al oficio que ejerció Jesús cuando habitaba en Nazaret: artesano. El original griego dice *tekton*, palabra que designa al carpintero, pero también otros oficios manuales, como herrero. Realmente Nazaret, población que no llegaba a los 200 habitantes, difícilmente daría trabajo suficiente a un carpintero. Mateo, en el lugar paralelo (13,55), emplea la expresión "hijo del artesano", que puede entenderse correctamente, porque anteriormente narró el nacimiento virginal de Jesús ver (Mt 1,18-25). Marcos, que no ha incorporado esta tradición, omite la mención del padre. También se habla de los hermanos de Jesús, igual que en 3,31-35 y otros lugares del NT (ver Mt 13,55; Jn 7,3; Hch 1,14; 1 Co 9,5; Ga 1,9). En el mundo judío era frecuente llamar 'hermanos' no solo a los hermanos de sangre, sino a todos los miembros del clan familiar y, por extensión, a todos los miembros del pueblo o de un grupo religioso, a pesar de que existan palabras específicas para algunas relaciones concretas, como primo, *anepsios* (ver Gn 13,8; 29,15; Lv 10,4; 1 Cro 23,22). Sucede igual que entre nosotros, donde la palabra hermano tiene un sentido amplio. Cuál sea el sentido concreto en cada caso depende del contexto del relato y de los *aprioris* religiosos del lector. Desde el punto de vista del contexto literario, ya san Jerónimo hizo caer en la cuenta de que Marcos ofrece datos que insinúan que no se trata de hermanos de sangre (ver 15,40, donde informa que Santiago y Joset eran hermanos e hijos de una mujer llamada María, que no puede ser la madre de Jesús, pues es inconcebible que Marcos, dirigiéndose a lectores cristianos, designase a la madre de Jesús con la frase «madre de Santiago y Joset», sin hacer referencia a Jesús, el hijo más importante para sus lectores). Respecto a los *aprioris* religiosos, la tradición católica siempre ha defendido la virginidad de María después del parto, y, en consecuencia, ha interpretado el término 'hermano' en sentido amplio.

CAPÍTULO 3

JESÚS SE REVELA.
REACCIÓN POSITIVA DE LOS DISCÍPULOS
(6,6b – 8,30)

INTRODUCCIÓN

Misión de los Doce (6,6b-13)
(Mt 10,1.9-14; Lc 9,1-6)

⁶ᵇY recorría los pueblos del contorno enseñando. ⁷Y llama a los Doce y comenzó a enviarlos de dos en dos, dándoles poder sobre los espíritus inmundos. ⁸Les ordenó que nada tomasen para el camino, fuera de un bastón: ni pan, ni alforja, ni calderilla en la faja, ⁹sino: «Calzados con sandalias y no vistáis dos túnicas.» ¹⁰Y les dijo: «Cuando entréis en una casa, quedaos en ella hasta marchar de allí. ¹¹Si algún lugar no os recibe y no os escuchan, marchaos de allí sacudiendo el polvo de la planta de vuestros pies, en testimonio contra ellos.»

¹²Y, yéndose de allí, predicaron que se convirtieran; ¹³expulsaban a muchos demonios, y ungían con aceite a muchos enfermos y los curaban.

Después de haber presentado las reacciones de los escribas-fariseos y del pueblo ante la revelación de Jesús, Marcos va a continuar describiendo, en esta tercera sección, a Jesús y su obra reveladora y se va a centrar en la respuesta de los discípulos, el tercero de los grupos-tipo que usa en su catequesis para cuestionar a los lectores. El grupo ya es conocido por el lector, puesto que lo ha ido introduciendo y presentando poco a poco en las secciones anteriores: es el grupo-signo de la presencia del Reino (1,16-20); acompañan a Jesús; de entre ellos Jesús eligió a Doce para que estuvieran con él y enviarlos más adelante (ahora, en esta sección) a predicar y expulsar demonios (3,13-19); es el grupo que debería comprender, puesto que ha recibido el don de conocer el misterio del Reino (4,11), pero que de diversas maneras, ya desde el primer momento (1,37s), manifiesta que no lo hace, por lo que Jesús les regaña (4,13.40). En la explicación alegorizada de la parábola del sembrador (4,18-20), se sugiere lo que son y lo que deben de ser: siguen a Jesús y conocen algo, pero no llegan a comprender su misterio. Ahora va a exponer cómo, poco a poco y entre dificultades, van aproximándose al misterio de la persona de Jesús y lo reconocen como Mesías. Jesús se dedica a enseñarles y a hacer signos que les ayuden a comprender, aunque no desaparecen de la escena ni el pueblo ni los escribas-fariseos. Es la lógica semita, repetitiva y en espiral, que usa Marcos. Por ello, al igual que antes ya aparecieron los discípulos, ahora también se repetirán y completarán facetas de los otros grupos. Los escribas-fariseos reaparecerán como legalistas y dogmáticos, criticando a Jesús por no aceptar las tradiciones de los padres y exigiéndole signos especiales para creer. El pueblo reaparecerá con su fe mágica e interesada, que Marcos suele presentar como contrapunto a la falta de fe y al desconcierto que viven los discípulos. Jesús los acoge y cura, pero ya no se dedica a enseñarles, como hacía antes, aunque tampoco deja de hacerlo totalmente, como modelo de lo que deben hacer los Doce (6,34) y en contexto antifariseo, poniéndolo en guardia contra sus doctrinas, (7,14), responsables de su ceguera.

La introducción de esta sección completa la presentación de los Doce discípulos: además de llamados, elegidos de Jesús, son sus enviados al servicio de su misión. Al igual que las introducciones de las dos secciones anteriores, ésta también es eminentemente cristológica, pues Jesús aparece como protagonista.

Un breve sumario (6,6b) alude a Jesús como misionero itinerante, que recorre las aldeas del entorno enseñando. Esta actividad es el fundamento de la misión de los discípulos. Hay misión, porque Jesús es el Enviado que asocia a su obra.

La misión de los Doce es un acto cristológico, pues revela las pretensiones de Jesús, que toma la iniciativa, capacita a los que envía con el poder que él tiene para la lucha contra Satanás (ver 3,27;

1,13.26.27), como consecuencia de haber recibido el Espíritu (1,10.12s), y les da normas, creando el estatuto de la misión. Los envía de dos en dos, como testigos (ver Dt 19,15) del mensaje que han recibido de Jesús. Las consignas concretas que imparte Jesús son tres: (a) disponibilidad y dedicación total a la misión, expresando esta idea con lenguaje de pobreza y austeridad, como para sugerir que para ser enviado hay que estar ligero de equipaje, confiando en la providencia de Dios, que saldrá al encuentro de las necesidades de sus enviados, y con un bastón en la mano, como quien va a comenzar a viajar (ver Ex 12,11); (b) ser correctos en la hospitalidad, sin abusar de ella en beneficio personal, pasando de casa en casa. Hay que ir a servir la misión, no a servirse de ella en provecho propio; finalmente (c) han de ser conscientes del rechazo que van a sufrir, en cuyo caso han de sacudir el polvo de sus pies, gesto que significa que no tienen nada en común con los que rechazan el mensaje ni ninguna responsabilidad en su situación, pues han hecho lo que estaba de su parte, danto testimonio (ver Hch 13,51; 18,6).

Los enviados actúan con palabras y hechos, igual que Jesús: proclaman la conversión, expulsan demonios y curan enfermos, ungiéndolos con aceite. Posiblemente Marcos alude a la práctica que realizan los presbíteros de la comunidad a la que se dirige Sant 5,14.

1. Intermedio

Herodes y Jesús (6,14-16)
(Mt 14,1-2; Lc 9,7-9)

[14]Se enteró el rey Herodes, pues su nombre se había hecho célebre. Algunos decían*: «Juan el Bautista ha resucitado de entre los muertos y por eso actúan en él fuerzas milagrosas.» [15]Otros decían: «Es Elías»; otros: «Es un profeta como los demás profetas.» [16]Al enterarse Herodes, dijo: «Aquel Juan, a quien yo decapité, ése ha resucitado».

V. 14 Variante: «Decía él».

Esta escena y la siguiente tienen carácter de intermedio. Como los Doce han marchado a la misión y se han separado de Jesús, Marcos no cuenta nada de él, pues están ausentes los llamados a ser testigos cualificados; por ello, para llenar literaria y teológicamente este tiempo de separación, presenta unos hechos que le sirven para ambientar la presente sección con los temas del interrogante y del martirio.

El interrogante en este contexto lo provoca la actividad misionera de los discípulos, que hace que por todos los poblados galileos se hable de Jesús y su mensaje. Esto le sirve a Marcos para mantener vivo en el lector el tema de la identidad de Jesús y, a la vez, dar unas pinceladas sobre las opiniones del pueblo sobre él. Todos lo consideran un personaje importante, pero ninguno lo reconoce como el Mesías que ha de venir. Hay quien cree que es Juan Bautista que había vuelto a la vida, lo que explicaría los milagros que hace; otros opinan que es Elías, el profeta que debe venir a preparar los caminos del Mesías; otros estiman que es un profeta como los antiguos. Son las mismas opiniones que reaparecerán al final de esta sección (ver 8,28), poniendo de relieve que el pueblo no ha evolucionado en sus puntos de vista sobre Jesús, en contraste con los discípulos, que sí lo harán. Herodes, a quien Marcos incorrectamente llama rey, cree que es Juan, a quien decapitó. Se trata de Herodes Antipas, hijo de Herodes el Grande, que fue nombrado por los romanos tetrarca de Galilea y Perea y gobernó entre los años 4 a.C. al 39 d.C. Era, por tanto, el máximo gobernante de Galilea durante el ministerio de Jesús en esta región y solía residir en Tiberíades, ciudad que nunca pisó Jesús. La opinión de Herodes sirve de introducción literaria al relato de la muerte del Bautista.

Muerte del Bautista (6,17-29)
(Mt 14,3-12; Lc 3,19-20)

[17]Es que Herodes era el que había enviado a prender a Juan y le había encadenado en la cárcel por causa de Herodías, la mujer de su hermano Filipo, con quien Herodes se había casado. [18]Porque Juan decía a Herodes: «No te está permitido tener la mujer de tu hermano.» [19]Herodías le aborrecía y quería matarle, pero no podía, [20]pues Herodes temía a Juan, sabiendo que era hombre justo y santo, y le protegía; y al oírle, quedaba muy perplejo*, y le escuchaba con gusto.

²¹Y llegó el día oportuno, cuando Herodes, en su cumpleaños, dio un banquete a sus magnates, a los tribunos y a los principales de Galilea. ²²Entró la hija de la misma Herodías, danzó, y gustó mucho a Herodes y a los comensales. El rey, entonces, dijo a la muchacha: «Pídeme lo que quieras y te lo daré.» ²³Y le juró: «Te daré lo que me pidas, hasta la mitad de mi reino.» ²⁴Salió la muchacha y preguntó a su madre: «¿Qué voy a pedir?» Y ella le dijo: «La cabeza de Juan el Bautista.» ²⁵Entrando al punto apresuradamente adonde estaba el rey, le pidió: «Quiero que ahora mismo me des, en una bandeja, la cabeza de Juan el Bautista.» ²⁶El rey se llenó de tristeza, pero no quiso desairarla a causa del juramento y de los comensales. ²⁷Y al instante mandó el rey a uno de su guardia, con orden de traerle la cabeza de Juan. Se fue y le decapitó en la cárcel ²⁸y trajo su cabeza en una bandeja, y se la dio a la muchacha, y la muchacha se la dio a su madre. ²⁹Al enterarse sus discípulos, vinieron a recoger el cadáver y le dieron sepultura.

V. 20 Variante (Vulgata): «hacía muchas cosas». Otra traducción (menos probable) de toda la frase: «... le protegía; le escuchaba, le planteaba toda clase de problemas y le escuchaba con gusto».

El recuerdo de la muerte de Herodes en este contexto presenta como telón de fondo de la misión la idea de martirio. Ya Marcos aludió a esta muerte como dato cronológico del comienzo del ministerio de Jesús (1,14), sugiriendo cuál sería su destino, idea que reaparecerá en 9,31. Igualmente ahora proyecta esta idea sobre la misión de los apóstoles (ver 13,9.11.12), llamados a compartir el destino de Jesús.

En el relato Marcos destaca, por una parte, la figura de Juan, profeta libre y valiente y, por otra, el carácter ambiguo de Herodes Antipas, que simpatiza con Juan y lo escucha con gusto, pero es inconsecuente y lo sacrifica todo a sus intereses (ver 8,14, donde Jesús invita a evitar el fermento de Herodes). Junto a esto, Marcos ofrece implícitamente algunas pistas sobre las condiciones políticas en que Jesús ejerció su ministerio: bajo un poder irresponsable que dispone caprichosamente de la vida y la muerte. El historiador judío Flavio Josefo también narra que Herodes mandó matar a Juan en la fortaleza de Maqueronte, en Perea, pero por temor a que provocase con su predicación una rebelión política en el pueblo (*Ant.* 18,118-119).

2. Sección del plan. Ciclo primero

Primera multiplicación de los panes (6,30-44)
(Mt 14,13-21; Lc 9,10-27; Jn 6,1-13)

[30]Los apóstoles se reunieron con Jesús y le contaron todo lo que habían hecho y lo que habían enseñado. [31]Él, entonces, les dice: «Venid también vosotros aparte, a un lugar solitario, para descansar un poco.» Pues los que iban y venían eran muchos, y no les quedaba tiempo ni para comer. [32]Y se fueron en la barca, aparte, a un lugar solitario. [33]Pero les vieron marcharse y muchos cayeron en cuenta; y fueron allá corriendo, a pie, de todas las ciudades y llegaron antes que ellos. [34]Y al desembarcar, vio mucha gente, sintió compasión de ellos, pues estaban como ovejas que no tienen pastor, y se puso a enseñarles muchas cosas. [35]Era ya una hora muy avanzada cuando se le acercaron sus discípulos y le dijeron: «El lugar está deshabitado y ya es hora avanzada. [36]Despídelos para que vayan a las aldeas y pueblos del contorno a comprarse de comer.» [37]Él les contestó: «Dadles vosotros de comer.» Ellos le dicen: «¿Vamos nosotros a comprar doscientos denarios de pan para darles de comer?» [38]Él les dice: «¿Cuántos panes tenéis? Id a ver.» Después de haberse cerciorado, le dicen: «Cinco, y dos peces.» [39]Entonces les mandó que se acomodaran todos por grupos sobre la verde hierba. [40]Y se acomodaron por grupos de cien y de cincuenta. [41]Y tomando los cinco panes y los dos peces, y levantando los ojos al cielo, pronunció la bendición, partió los panes y los iba dando a los discípulos para que se los fueran sirviendo. También repartió entre todos los dos peces. [42]Comieron todos y se saciaron. [43]Y recogieron las sobras, doce canastos llenos y también lo de los peces. [44]Los que comieron los panes fueron cinco mil hombres.

Se conoce como «Sección del pan» (6,30-8,26) una agrupación de hechos de Jesús que la tradición transmitió unidos en torno al relato del signo de los panes y las diversas reacciones a que dio lugar entre los seguidores de Jesús. La agrupación consta básicamente del relato del signo de los panes y de la siguiente travesía del lago, de una discusión con los fariseos y de una opción en pro o en contra de Jesús. Es muy importante, pues representa el primer contacto desde la actividad de

Juan Bautista entre el relato evangélico de Juan y el de los tres evangelios sinópticos, y, por otra parte, es un testimonio histórico de la "crisis galilea", que se produjo cuando Jesús realizó el signo del pan y, como consecuencia, se planteó crudamente el problema del sentido de su mesianismo. La mayor parte de sus seguidores lo abandonaron, continuando con él un pequeño grupo, encabezado por los Doce. Esta sección ha llegado a nosotros básicamente por dos canales, por Jn 6 (texto muy elaborado y que muestra claramente la dinámica de esta sección) y por Mc 6,30-8,30. Este último ha recogido dos desarrollos paralelos de la sección, uno (6,30 – 7,37) que había tomado forma en medios cristianos palestinos y que está centrado en los Doce, y otro (8,1-30) que lo hizo en medios cristianos helenistas y que está referido a todos los discípulos. Marcos emplea los dos para exponer la evolución progresiva de los discípulos que, entre avances, dudas y retrocesos, poco a poco llegan finalmente a reconocer a Jesús como Mesías.

El primer ciclo del pan (6,30 – 7,37) consta de seis relatos, en tres de los cuales aparece el tema del pan (multiplicación de los panes, comer pan con las manos impuras y la curación de la hija de la sirofenicia).

El primer signo de los panes (6,30-46) está introducido con la noticia del regreso de los Doce "enviados" (apóstoles). Marcos subraya que han actuado como Jesús, con hechos y palabras, y que Jesús, ante el acoso del pueblo, les propone descansar solos en un lugar solitario. Esta introducción es importante, pues ofrece el sentido global que tiene la actuación de Jesús que viene a continuación, presentándola como una lección especial dada a los recién llegados para que aprendan la postura que han de tener ante el pueblo, la postura del Buen Pastor. Así los Doce son los destinatarios especiales de la acción de Jesús, mientras que el pueblo juega un papel secundario y pasivo, aunque necesario. De hecho Marcos no dice nada de la reacción del pueblo: oye, se deja organizar por los discípulos y recibe la comida. Al llegar al lugar que creían solitario, Jesús y los Doce se encuentran con una gran masa. Ante ella Jesús, renunciando al descanso, tiene misericordia, porque están como ovejas sin pastor. La misericordia se concreta en que les enseña muchas cosas, los organiza en grupos por medio de sus discípulos, como pueblo de los tiempos finales de salvación, y les da de comer. Los discípulos, por su parte, no comprenden lo que Jesús hace, reaccionan con torpeza, de forma muy racional, aunque cooperan. La iniciativa parte de ellos, proponiendo a Jesús que despida al pueblo (¿para quedarse por fin solos y poder descansar?). El motivo de la propuesta es la necesidad que tienen los oyentes de alimentarse. Jesús no acepta la idea del despido, pero sí la necesidad de alimentar al pueblo, y manda a los discípulos que lo hagan ellos. El mandato les parece desproporcionado. Ni con el jornal de 200 días habría para comprar pan para tantos. Evidentemente están pensando en sus propios medios y les parece imposible. Será Jesús el que lo haga y esto a partir de los pobres medios de que disponen, cinco panes y dos peces, posiblemente la provisión que llevaba el grupo para comer ese día. Esta incomprensión va a determinar el que no entiendan otras manifestaciones de Jesús (ver 6,52). Es que hay revelaciones básicas de Jesús que, si no se comprenden, no permiten seguir adelante. El relato, pues, tiene dos centros: uno cristológico, donde se presenta a Jesús como el Mesías, Buen Pastor, que tiene misericordia del pueblo, se entrega a él y lo alimenta con la palabra y el pan; y otro referido a los Doce, que no comprenden la lección que acaba de ofrecerles Jesús: actuar con el pueblo con corazón de buen pastor, a pesar de la pobreza de medios, pues Jesús es el protagonista.

El relato se basa en un signo que realizó Jesús dando de comer a una masa, pero Marcos ofrece una relectura teológica para subrayar los dos aspectos antes expuestos: revelación de Jesús como Buen Pastor e incomprensión de los discípulos. Esto explica una serie de incongruencias desde un punto de vista lógico: ¿por qué en este momento, cuando ya Jesús es conocido y ha pasado el entusiasmo de la novedad, va tanta gente detrás de él? ¿Cómo se enteran los habitantes de todos los poblados de que Jesús va a un lugar desierto? ¿Cómo llegan antes que él, que va en barca? ¿Qué hacen 5000 hombres en el desierto? Por otra parte, son claros los rasgos teológicos, que presentan a Jesús como Buen Pastor (ver la motivación: se compadeció de ellos porque eran como ovejas que no tienen pastor; Nm 27,17; 1 R 22,17; Ez 34); el tema de la hierba verde (Sal 23: Pastor que hace recostar sobre hierba verde y prepara una mesa); el pueblo es agrupado como la comunidad del desierto (ver el tema en Ex 18,21-25; Dt 1,15; en Qumrán y 1 Henoc); el dar de comer es narrado a la luz del relato de la Eucaristía (ver 14,22-24)... No es que fuera una Eucaristía, sino que la tradición cristiana vio en el hecho un anuncio de ella. Ante esta serie de datos que refleja una reinterpretación teológica, es difícil reconstruir la realidad concreta de este signo. El estudio crítico de las fuentes lleva a la conclusión de que Jesús dio de comer a gran cantidad de personas de forma extraordinaria, pues el hecho tuvo carácter de signo, que indujo a los presentes a reaccionar reconociendo a Jesús como profeta y rey, y posteriormente pasó a la tradición como anuncio de la Eucaristía y como acción especialmente reveladora de Jesús. Probablemente dio de comer de forma milagrosa a una multitud que encontró en el desierto y que vivió este hecho como un signo que le llevó a ver en él al Mesías, Profeta escatológico, e intentan hacerle rey (ver Jn 6,11-15), ante la alegría de los Doce, a los que Jesús quita de en medio, obligándolos a embarcar (6,45), mientras él se quedaba sólo orando en el monte, reafirmándose en la opción que ha hecho de actuar en la línea del Siervo de Yahvé.

Jesús camina sobre las aguas (6,45-52)
(Mt 14,22-31; Jn 6,16-21)

⁴⁵Inmediatamente obligó a sus discípulos a subir a la barca y a ir por delante hacia Betsaida*, mientras él despedía a la gente. ⁴⁶Después de despedirse de ellos, se fue al monte a orar.
⁴⁷Al atardecer, estaba la barca en medio del mar y él, solo, en tierra. ⁴⁸Viendo que ellos se fatigaban remando, pues el viento les era contrario, a eso de la cuarta vigilia de la noche viene hacia ellos caminando sobre el mar y quería pasarles de largo. ⁴⁹Pero ellos, viéndole caminar sobre el mar, creyeron que era un fantasma y se pusieron a gritar, ⁵⁰pues todos le habían visto y estaban turbados. Pero él, al instante, les habló, diciéndoles: «¡Ánimo!, que soy yo, no temáis.» ⁵¹Subió entonces junto a ellos a la barca, y amainó el viento, y quedaron en su interior completamente estupefactos, ⁵²pues no habían entendido lo de los panes, sino que su mente estaba embotada.

V. 20 Algunos manuscritos añaden «hacia la otra orilla», precisión quizás tomada de Mt 14,22.

Se trata de otra revelación de Jesús, dirigida a los Doce, a los que Jesús ha obligado a embarcar, mientras él subía al monte a orar. Es la segunda vez que Marcos habla de la oración de Jesús (ver 1,35) y las dos veces después de actuaciones especiales: la primera vez tras la jornada inicial en Cafarnaún, cuando comenzó la proclamación del Reino a todo el pueblo; ahora después del signo del pan, cuando empieza una serie de revelaciones especiales a sus discípulos. El relato subraya el contraste entre la revelación de Jesús y la incomprensión de los discípulos. Hacia la cuarta vigilia, entre tres y seis de la mañana, cuando empieza a alborear, Jesús va al encuentro de sus discípulos, que se dirigían a Betsaida, remando fatigados porque el viento les era contrario. Camina sobre el agua, acción que en el AT aparece como divina (ver Jb 9,5-10; Sal 76,20); hace como que quiere "pasar de largo", detalle éste que aparece en las manifestaciones de Dios (ver Ex 33,18.32; 34,6; 1 R 19,11) y, especialmente, se autodefine con el nombre divino, «Yo soy» (ver Ex 3,14), por lo que no tienen que temer, sino tener ánimo (ver Is 41,13) ante las dificultades. Pero los discípulos creen que es un fantasma y se ponen a gritar. Marcos explicita la causa de la incomprensión: «no habían entendido lo de los panes, sino que su mente estaba embotada» (6,52). Según Marcos, la comprensión del signo de los panes es fundamental para conocer a Jesús, de tal forma que la incomprensión incapacita para comprender otras revelaciones, quedando su fe estancada y en una situación inferior a la fe mágica e interesada del pueblo, como ponen de relieve los relatos siguientes.

Curaciones en el país de Genesaret (6,53-56)
(Mt 14,34-36)

[53]Terminada la travesía, llegaron a tierra en Genesaret y atracaron. [54]Apenas desembarcaron, le reconocieron en seguida, [55]recorrieron toda aquella región y comenzaron a traer a los enfermos en camillas adonde oían que él estaba. [56]Y dondequiera que entraba, en pueblos, ciudades o aldeas, colocaban a los enfermos en las plazas y le pedían que tocaran siquiera la orla de su manto; y cuantos la tocaron quedaban salvados.

Acabada la travesía, llegan a tierra de Genesaret, llanura situada al NO del lago al que da nombre. El pueblo, enterado de la presencia de Jesús, viene a su encuentro en actitud interesada y mágica. Jesús no les habla, pero los acoge y cura. A la luz del contexto, la escena sirve a Marcos para marcar el contraste entre la fe del pueblo, aunque interesada, y el aturdimiento de los Doce.

Discusión sobre las tradiciones farisaicas (7,1-23)
(Mt 15,1-20)

7 ¹Se reúnen junto a él los fariseos, así como algunos escribas venidos de Jerusalén. ²Y al ver que algunos de sus discípulos comían con manos impuras, es decir, no lavadas, ³-es que los fariseos y todos los judíos no comen sin haberse lavado las manos hasta el codo*, aferrados a la tradición de los antiguos, ⁴y al volver de la plaza, si no se bañan*, no comen; y hay otras muchas cosas que observan por tradición, como la purificación de copas, jarros y bandejas–. ⁵Por ello, los fariseos y los escribas le preguntan: «¿Por qué tus discípulos no viven conforme a la tradición de los antepasados, sino que comen con manos impuras?» ⁶Él les dijo: «Bien profetizó Isaías de vosotros, hipócritas, según está escrito:

Este pueblo me honra con los labios,
pero su corazón está lejos de mí.
⁷*En vano me rinden culto,*
ya que enseñan doctrinas que son preceptos de hombres.

⁸Dejando el precepto de Dios, os aferráis a la tradición de los hombres.» ⁹Les decía también: «¡Qué bien violáis el mandamiento de Dios, para conservar vuestra tradición! ¹⁰Porque Moisés dijo: *Honra a tu padre y a tu madre* y: *el que maldiga a su padre o a su madre, sea castigado con la muerte.* ¹¹Pero vosotros decís: Si uno dice a su padre o a su madre: "Lo que de mí podrías recibir como ayuda lo declaro Korbán –es decir: ofrenda-", ¹²ya no le dejáis hacer nada por su padre y por su madre, ¹³anulando así la palabra de Dios por vuestra tradición que os habéis transmitido; y hacéis muchas cosas semejantes a éstas».
¹⁴Llamó otra vez a la gente y les dijo: «Oídme todos y entended. ¹⁵Nada hay fuera del hombre que, entrando en él, pueda contaminarle; sino lo que sale del hombre, eso es lo que contamina al hombre. ¹⁶Quien tenga oídos para oír, que oiga*».
¹⁷Y cuando, apartándose de la gente, entró en casa, sus discípulos le preguntaban sobre la parábola. ¹⁸Él les dijo: «¿Conque también vosotros estáis sin inteligencia? ¿No comprendéis que todo lo que de fuera entra en el hombre no puede contaminarle, ¹⁹pues no entra en su corazón, sino en el vientre y va a parar al excusado?» –así declaraba puros todos los alimentos*–. ²⁰Y decía: «Lo que sale

del hombre, eso es lo que contamina al hombre. [21]Porque de dentro, del corazón de los hombres, salen las intenciones malas: fornicaciones, robos, asesinatos, [22]adulterios, avaricias, maldades, fraude, libertinaje, envidia, injuria, insolencia, insensatez. [23]Todas estas perversidades salen de dentro y contaminan al hombre».

V. 3 Traducción dudosa. Literalmente: «con el puño».
V. 4 Variante: «hacen aspersión». Otra traducción: «No comen lo que viene del mercado antes de haberlo asperjado».
V. 16 Algunos manuscritos omiten este versículo.
V. 19 Lit. «purificando todos los alimentos». La frase es oscura y es interpretada de diversas formas. Quizás sea una glosa.

La perícopa presenta una discusión con un grupo fariseo sobre un tema relacionado con el pan y se desarrolla según el esquema "en público – en privado a los discípulos". Trata del tema de las normas de impureza legal, basado en el AT, pero que la enseñanza tradicional de los escribas había endurecido hasta el punto de hacerlo distintivo del judío piadoso. Se toca así otro punto que impide a los discípulos comprender la obra de Jesús y que será un obstáculo para la evangelización del mundo gentil y la creación de verdaderas comunidades entre judíos y gentiles (ver Hch 10,1-11,18; Ga 2,11-21). De ahí el espacio que le concede Marcos. Las leyes sobre pureza e impureza (Lv 11-15) determinan lo que permite o impide el acceso a Dios. Jesús acepta el AT (dos veces lo cita en esta discusión y lo considera palabra de Dios: ver 7,13), pero leído a la luz del precepto del amor total al Dios de la vida (Dt 6,5). Por ello reinterpreta las leyes de pureza en función del amor, declarando sin sentido la observación literal. Lo que acerca o aparta de Dios es el amor, y éste se convierte en signo de una verdadera religiosidad. Esta problemática implica la cuestión de cómo interpretar la palabra de Dios, si en función del amor a Dios y al hombre o en función de los propios intereses egoístas. Aquí se oponen frontalmente Jesús y fariseos. Con su comportamiento ya ha dejado entrever Jesús cómo observa las leyes de pureza: tocó al leproso (1,41), come con publicanos y pecadores (2,15-17), se ha dejado tocar por la hemorroísa (5,25-34) y continuará con esta praxis. Ahora la justifica.

En público tiene lugar la discusión con los fariseos y algunos escribas venidos de Jerusalén, y una enseñanza especial al pueblo (7,1-16). Los fariseos y escribas critican a los discípulos de Jesús por comer con manos impuras. En este punto Marcos introduce un paréntesis para explicar al lector en qué consiste la "tradición de los padres". En sí se trata de un fenómeno positivo que está presente en toda praxis jurídica y que tiene como finalidad aplicar a casos concretos las normas generales de las leyes. Esta praxis da lugar a una jurisprudencia que tiene valor de ley, pero que es ambigua, pues puede respetar el espíritu de la ley, facilitando su aplicación, o puede deformarlo. En el pueblo judío se desarrolló esta jurisprudencia, que se iba transmitiendo oralmente de padres a hijos, a la que se le dio el nombre de "tradición de los padres" o "ley oral", obligatoria como la ley escrita. Incluso se fingió que se remontaba al mismo Moisés para subrayar su valor. En esta ocasión se trataba de lavatorios de manos, que la ley escrita exigía para la pureza ritual dentro del templo, pero que la tradición oral había extendido a todo tipo de comida. Marcos observa que estas exigencias no eran exclusivas de los fariseos, sino que también las compartían otras sectas judías. Jesús se opone frontalmente a esta tradición jurídica oral cuando no está de acuerdo con el espíritu de la ley de Dios, a la que reconoce como precepto de Dios. Para él todo esto no es más que simple «tradición de los hombres» y expresión de un culto vacío (según Is 29,13), del que se sirve la gente incluso para anular la palabra de Dios, extremo que se ilustra con un ejemplo sobre el *korbân* y el cuarto mandamiento. *Korbân* es una palabra aramea que significa "ofrenda", especialmente la ofrecida a Dios. Cuando algo se ofrece a Dios, adquiere un carácter sagrado y ya no se puede destinar a otro uso profano. Basándose en esto, algunos hacían voto de ofrecer a Dios los bienes con los que estaban obligados a ayudar a sus padres, creyendo que así les daban carácter sagrado y ya no tenían que dedicarlos a sus padres, que sería una finalidad profana. Los rabinos consideraban este voto válido, aunque reconocían su carácter inmoral. Es un ejemplo claro de interpretación de la ley en función del propio egoísmo. Termina Jesús esta condena con unas palabras dirigidas al pueblo presente, al que enseña que lo que realmente contamina al hombre es lo que sale de su interior, del corazón, e invita a todos a comprender, pues se trata de una enseñanza importante.

En privado (7,17-23) explica a los Doce el sentido de esta "parábola", pero subrayando que tenían que haber comprendido, pues han recibido oídos para entender. La fuente de la maldad humana, lo que aparta de Dios, está en el corazón, que es de donde provienen todos los males. El término "parábola", en hebreo *mashal*, se refiere a todo tipo de comparación o enigma de que se sirve una persona para enseñar algo (ver 4,11). Aquí se trata de una sentencia lapidaria y enigmática. En este contexto Mc 7,19b afirma, a modo de paréntesis, que para Jesús todos los alimentos son puros, lo que sugiere que en su comunidad ya se ha superado esta problemática creada por los judaizantes, grupo que pretendía que los paganos que se hacían cristianos observaran todas las leyes del AT, incluso las relativas a la pureza ritual. Lo importante para el evangelista es subrayar la incomprensión de los discípulos.

Curación de la hija de una sirofenicia (7,24-30)
(Mt 15,21-28)

²⁴Y partiendo de allí, se fue a la región de Tiro, y entrando en una casa quería que nadie lo supiese, pero no logró pasar inadvertido, ²⁵sino que, en seguida, habiendo oído hablar de él una mujer, cuya hija estaba poseída de un espíritu inmundo, vino y se postró a sus pies. ²⁶Esta mujer era griega, sirofenicia de nacimiento, y le rogaba que expulsara de su hija al demonio. ²⁷Él le decía: «Espera que primero se sacien los hijos, pues no está bien tomar el pan de los hijos y echárselo a los perritos.» ²⁸Pero ella le respondió: «Sí, Señor; que también los perritos comen bajo la mesa migajas de los niños.» ²⁹Él, entonces, le dijo: «Por lo que has dicho, vete; el demonio ha salido de tu hija.» ³⁰Volvió a su casa y encontró que la niña estaba echada en la cama y que el demonio se había ido.

V. 24 Adición: «y de Sidón», ver Mt 15,21.

La fe de la sirofenicia es un relato relacionado con el pan, que sirve para marcar de nuevo el contraste entre la fe popular, esta vez de una extranjera pagana, y los discípulos. Jesús, ante la fe de la mujer, cura a su hija. Aunque Israel es el destinatario histórico de la acción de Jesús, esto no significa exclusividad.

Jesús sale de nuevo de Galilea, a Tiro, capital del territorio de Fenicia, junto con Sidón. Entra en una casa, que se supone pagana, praxis que queda justificada por la enseñanza anterior, en la que Jesús declara inválidas las prescripciones de pureza ritual. Le sale al encuentro una mujer griega, no de raza, pues era sirofenicia, sino de cultura (ver Jn 7,35; Hch 16,1). Viene a pedir la curación de su hija, enferma por causa de un demonio. El diálogo con Jesús pone de relieve, por una parte, que Jesús ha sido enviado a proclamar el Reino y realizar sus signos inmediatamente al pueblo judío y, por otra, la fe de la mujer, que obtiene la curación de su hija. Se sugiere así que la obra de Jesús también llegará a los gentiles, fuera de las fronteras de Israel, pero en un segundo momento. La curación tiene lugar a distancia, por medio de la palabra eficaz de Jesús (ver Mt 8,5ss; Lc 7,1ss: curación del siervo del centurión).

Curación de un tartamudo sordo (7,31-37)

[31]Se marchó de la región de Tiro y vino de nuevo, por Sidón, al mar de Galilea, atravesando la Decápolis. [32]Le presentan un sordo que, además, hablaba con dificultad, y le ruegan imponga la mano sobre él. [33]Él, apartándole de la gente, a solas, le metió sus dedos en los oídos y con su saliva le tocó la lengua. [34]Y, levantando los ojos al cielo, dio un gemido, y le dijo: «*Effatá*», que quiere decir: «¡Ábrete!» [35]Se abrieron sus oídos y, al instante, se soltó la atadura de su lengua y hablaba correctamente. [36]Jesús les mandó que a nadie se lo contaran. Pero cuanto más se lo prohibía, tanto más ellos lo publicaban. [37]Y se maravillaban sobremanera y decían: «Todo lo ha hecho bien; hace oír a los sordos y hablar a los mudos».

Jesús abandona la región de Tiro, pero continúa en territorio pagano, ahora en la zona de la Decápolis, donde tiene lugar la curación progresiva de un sordo que hablaba con dificultad. Marcos ofrece una serie de detalles. Aparta al enfermo de la gente, toca los dos órganos que va a curar, metiendo los dedos en los oídos y tocando con su saliva la lengua. Levanta después los ojos al cielo, en actitud de oración, sugiriendo que Jesús obra en unión con su Padre (ver Jn 11,41); dio un gemido, dando a entender que no estaba de acuerdo con la situación y desea cambiarla (ver Rm 8,23.26; 2 Co 5,2.4). Entonces le dijo en arameo *Effatá*, que Marcos traduce: ¡ábrete! Y con su palabra poderosa curó al enfermo. Finalmente impone silencio a todos los presentes. Se trata de un signo mesiánico (ver Is 35,3-6), por lo que Jesús impone silencio, invitando a profundizar. Marcos hace notar que el pueblo no guarda el secreto (ver 1,44) y añade la interpretación que hacen, que es correcta: todo lo ha hecho bien (ver Gn 1,31: referencia a la nueva creación), hace oír a los sordos y hablar a los mudos (ver Is 35,3-6: signos del Mesías, salvador escatológico).

Este relato cierra el primer ciclo del pan y sirve a Marcos para sugerir alegóricamente la evolución de los discípulos, que poco a poco, con la ayuda de Jesús, van abriéndose al conocimiento de Jesús. En este mismo sentido lo entendió la tradición catecumenal de la Iglesia primitiva, que lo empleó dentro del proceso de iniciación al conocimiento de Jesús (recuérdese el rito Effetá en el antiguo ritual del bautismo).

3. SECCIÓN DEL PLAN. CICLO SEGUNDO

Segunda multiplicación de los panes (8,1-10)
(Mt 15,32-39)

8 ¹Por aquellos días, habiendo de nuevo mucha gente y no teniendo qué comer, llama Jesús a sus discípulos y les dice: ²«Siento compasión de esta gente, porque hace ya tres días que permanecen conmigo y no tienen qué comer. ³Si los despido en ayunas a sus casas, desfallecerán en el camino, y algunos de ellos han venido de lejos.» ⁴Sus discípulos le respondieron: «¿Cómo podrá alguien saciar de pan a éstos aquí en el desierto?» ⁵Él les preguntaba: «¿Cuántos panes tenéis?» Ellos le respondieron: «Siete.» ⁶Entonces él mandó a la gente acomodarse sobre la tierra y, tomando los siete panes y dando gracias, los partió e iba dándolos a sus discípulos para que los sirvieran, y ellos los sirvieron a la gente. ⁷Tenían también unos pocos pececillos. Y, pronunciando la bendición sobre ellos, mandó que también los sirvieran. ⁸Comieron y se saciaron, y recogieron de los trozos sobrantes siete espuertas. ⁹Fueron unos cuatro mil; y Jesús los despidió. ¹⁰Subió a continuación a la barca con sus discípulos y se fue a la región de Dalmanutá.

El segundo ciclo del pan (8,1-26) está compuesto de cuatro relatos, en dos de los cuales (signo del pan y fermento) aparece el tema del pan. Marcos sigue desarrollando el tema de la respuesta de los discípulos, pero esta vez dirigido a todos ellos.

Se suele reconocer que este relato es un duplicado del mismo signo del pan narrado anteriormente. Entre ambos hay una serie de afinidades y diferencias. Las primeras se explican por tratarse del mismo hecho y las segundas por haberse desarrollado literariamente en diversos contextos religiosos. Entre las afinidades se cuentan los motivos de la muchedumbre, el no tener que comer, la compasión de Jesús, el diálogo con los discípulos y su colaboración, el narrar el signo aludiendo a la Eucaristía y el tema de las sobras. Entre las diferencias pueden detallarse los alimentos que se ofrecen a Jesús (5 panes y 2 peces en el primer relato; 7 panes y pocos peces en el segundo), la razón de la compasión de Jesús (ovejas sin pastor y "venir de lejos" respectivamente), vocabulario griego (*eulogein* y *eukharistein* para la acción de gracias, *kofinos* y *spyris* para designar los cestos), el número de cestos para las sobras (12 y 7 respectivamente). Estas diferencias sugieren que el primer relato fue compuesto por la comunidad cristiana siro-palestinense y el segundo por la griega. La razón es el griego de traducción que emplea el primer relato (*kofinos, eulogein*; ver para esta última palabra el relato de la institución de la Eucaristía en Mc 14,22 y Mt 26,26) y el tema de los Doce. En cuanto al segundo, el acuñado en contexto griego, emplea un griego más correcto (*spyris, eukharistein*; ver para esta última palabra 1 Co 11,24, relato de la Eucaristía en contexto griego y el mismo relato en Lc 22,19). Además los elementos propios del segundo se explican bien en contexto griego. Así el motivo "de lejos" está inspirado en el AT (ver Jos 9,6.9; Is 60,4: los gentiles admitidos a formar parte del pueblo de Dios) y se emplea en el NT para designar a los gentiles que vienen a la fe cristiana (Hch 2,39; 22,21; Ef 2,13.17). Igualmente el motivo "siete" (panes y canastos) alude a las siete naciones de Canaán (Hch 13,19) y a los siete evangelistas, responsables de la evangelización de los paganos). Todo esto induce a pensar que los cristianos griegos han interpretado el signo del pan como un anuncio de que Jesús es también Buen Pastor de los gentiles, a los que también se ofrece el pan y el formar parte del pueblo escatológico. Ya no se tienen que contentar con las "migajas" (ver 7,27s), sino que comparten el pan como miembros plenos del pueblo de Dios. Según esto, se trataría de una doble interpretación teológica del mismo hecho.

Este segundo signo de los panes tiene lugar en territorio gentil. La expresión inicial «por aquellos días» nos sitúa en el mismo ambiente, y la última referencia geográfica se refiere a territorio gentil (ver 7,32, sin que después se hable de cambio de lugar). Igual que el primer signo, también está centrado en Jesús y los discípulos. El pueblo es un elemento necesario, pero secundario en la intención de Marcos. Jesús se revela como Buen Pastor de los gentiles, de los que «han venido de lejos», en pos de Jesús, que llevan tres días en su compañía y que están en estado de necesidad (ver Ex 15,22). Se compadece y alimenta con siete panes y unos pocos peces, quedando todos satisfechos (ver Sal 78,29). Los discípulos aparecen torpes, sin comprender la intención de Jesús, aunque cooperan con él. Dalmanutá, lugar a donde se dirigen en la barca Jesús y los discípulos, es una localidad desconocida.

Los fariseos piden un signo del cielo (8,11-13)
(Mt 16,1-4)

¹¹Y salieron los fariseos y comenzaron a discutir con él, pidiéndole un signo del cielo, con el fin de ponerle a prueba. ¹²Dando un profundo gemido desde lo íntimo de su ser, dice: «¿Por qué esta generación pide un signo? Yo os aseguro: no se dará a esta generación ningún signo.» ¹³Y, dejándolos, se embarcó de nuevo, y se fue a la orilla opuesta.

Los fariseos piden un signo celestial (8,11-13) para tentar a Jesús. De nuevo aparece el tema antifariseo. Jesús acaba de realizar un signo eminentemente mesiánico, el del pan, pero no les basta y piden uno especial de tipo astral, poniendo condiciones para creer. Jesús gime profundamente, dolido ante esta actitud negativa, y rechaza secamente la petición, declarando solemnemente (la segunda vez que aparece la introducción «Yo os aseguro», literalmente, «En verdad os digo». La primera vez fue también a los escribas fariseos (ver 3,28), generación a la que «no se dará» ningún signo. Esta expresión es una pasiva divina: Dios no dará más signos que los que Jesús está realizando. Marcos observa que los fariseos piden otro tipo de signo para "tentar" a Jesús, apartándolo de la voluntad de Dios, que ha dispuesto el modo de la actividad de Jesús en la línea del Siervo. Hasta ahora han interpretado los signos de Jesús como obra de Satanás; ahora quieren algo que muestre claramente que sólo puede venir de Dios, pero no deben esperar otra cosa. El mensaje de Jesús, heraldo del Reino, tiene carácter de "pregón", y la postura del oyente de un pregón ha de ser aceptarlo o rechazarlo. Puede pedir aclaraciones, pero nunca poner condiciones. A los discípulos, que están presentes, les dirá Jesús en el relato siguiente que eviten estas disposiciones que cierran a la fe.

La levadura de los fariseos y de Herodes (8,14-21)
(Mt 16,5-12)

[14]Se habían olvidado de tomar panes, y no llevaban consigo en la barca más que un pan. [15]Él les hacía esta advertencia: «Abrid los ojos y guardaos de la levadura de los fariseos y de la levadura de Herodes.» [16]Ellos hablaban entre sí que no tenían panes. [17]Dándose cuenta, les dice: «¿Por qué estáis hablando de que no tenéis panes? ¿Aún no comprendéis ni entendéis? ¿Es que tenéis la mente embotada? [18]*¿Teniendo ojos no veis y teniendo oídos no oís?* ¿No os acordáis de [19]cuando partí los cinco panes para los cinco mil? ¿Cuántos canastos llenos de trozos recogisteis?» «Doce», le dicen. [20]«Y cuando partí los siete entre los cuatro mil, ¿cuántas espuertas llenas de trozos recogisteis?» Le dicen: «Siete.» [21]Y continuó: «¿Aún no entendéis?».

El relato recoge la aplicación a los discípulos de la disputa anterior, con la finalidad de subrayar la situación de incomprensión de éstos. Jesús les manda evitar el fermento fariseo y de Herodes, pero los discípulos no comprenden. A pesar de haber recibido el don de conocer, "ojos y oídos" (ver 4,11), y de ser testigos de Jesús y, por ello, conocedores de que para él no es problema la falta de pan, pues dio de comer dos veces a la multitud, "aún" no entienden las palabras de Jesús y se comportan como "los de fuera" (4,11; ver Jr 5,21; Ez 12,2), que no tienen ojos para ver ni oídos para oír. Por ello Jesús les invita a recordar lo que han visto, para que la experiencia histórica que han tenido con Jesús les ayude a superar las dudas y a comprender. En este caso concreto deberían comprender el peligro de contagio que suponen el fariseísmo (dogmatismo, legalismo, puritanismo) y Herodes (religiosidad oportunista y superficial), pues son un fermento negativo que, aunque pequeño, deforma el corazón, impide comprender y destruirá su condición de discípulos. En Marcos comprender a Jesús es la tarea básica del discípulo.

Curación del ciego de Betsaida (8,22-26)

²²Llegan a Betsaida. Le presentan un ciego y le suplican que le toque. ²³Tomando al ciego de la mano, le sacó fuera del pueblo, y habiéndole puesto saliva en los ojos, le impuso las manos y le preguntaba: «¿Ves algo?» ²⁴Él, alzando la vista*, dijo: «Veo a los hombres, pues los veo como árboles, pero que andan.» ²⁵Después, le volvió a poner las manos en los ojos y comenzó a ver perfectamente y quedó curado, de suerte que veía de lejos claramente todas las cosas. ²⁶Y le envió a su casa, diciéndole: «Ni siquiera entres en el pueblo».

V. 24 También se traduce: «que empezaba a ver».

Se trata de una curación progresiva, que, como la del final del primer ciclo, presenta Marcos con la finalidad simbólica de sugerir el proceso progresivo de la comprensión de los discípulos (ver Jn 9,39-41): poco a poco Jesús les abre los "ojos" y van "viendo", como pone de relieve la escena conclusiva siguiente. De esta manera aparece Jesús como maestro que dirige e impulsa el proceso de fe de los discípulos, lo mismo que lo fue en el de la hemorroísa y Jairo (5,22-43).

CONCLUSIÓN

Profesión de fe de Pedro (8,27-30)
(Mt 16,13-20; Lc 9,18-21)

²⁷Salió Jesús con sus discípulos hacia los pueblos de Cesarea de Filipo, y por el camino hizo esta pregunta a sus discípulos: «¿Quién dicen los hombres que soy yo?» ²⁸Ellos le dijeron: «Unos, que Juan el Bautista; otros, que Elías; otros, que uno de los profetas.» ²⁹Y él les preguntaba: «Y vosotros, ¿quién decís que soy yo?» Pedro le contesta: «Tú eres el Cristo.» ³⁰Y les mandó enérgicamente que a nadie hablaran acerca de él.

La tercera sección concluye con el reconocimiento de Jesús como Mesías por parte de los discípulos. Marcos presenta la escena "en camino", por la región de Cesarea de Filipo. Jesús iba preguntando a los discípulos por las opiniones del pueblo acerca de él. Estos responden con los mismos puntos de vista expuestos en 6,14s (comienzo de la sección), sugiriendo así Marcos que los "hombres" no han evolucionado. Los discípulos, en cambio, poco a poco y entre dificultades llegan a reconocerle por medio de su portavoz, Pedro, como el Cristo, el Mesías, es decir, el ungido, el Hijo de David, el rey mesiánico, que Dios envía para traer su Reino y salvar a su pueblo. Jesús les manda guardar silencio porque la respuesta es ambigua ¿Cómo entienden el mesianismo: en la línea del Siervo sufriente, que da su vida por los demás, o en otra político– religiosa? No rechaza el título, sino que lo interpretará a continuación.

Así termina la primera parte de la catequesis marquiana, en la que explica que Jesús es el Mesías, la primera parte de su tesis (1,1). Los discípulos han dado un paso importante, pero insuficiente, para poder seguir a Jesús superando las dificultades, como pondrá de relieve la segunda parte de la catequesis.

SEGUNDA PARTE:
JESÚS ES HIJO DE DIOS.
NATURALEZA DEL MESIANISMO DE JESÚS
(8,31 – 16,8)

CAPÍTULO 1

CATEQUESIS SOBRE LA MUERTE Y RESURRECCIÓN (8,31 – 10,52)

Marcos dedica la segunda parte de su catequesis a explicar el modo del mesianismo de Jesús. Jesús nunca se llamó a sí mismo mesías, pues era un título de significado ambiguo, que generalmente se entendía de forma religioso-nacionalista. Sus discípulos acaban de reconocerle como tal y él les impone silencio con la finalidad de enseñarles cómo entiende él ser mesías: ser ungido de Dios para realizar su misión salvadora en la línea del Siervo de Yahvé. Con este sentido la Iglesia aplica el título a Jesús. En esta parte, que tendrá como punto culminante la confesión del centurión, que proclama a Jesús Hijo de Dios, Marcos quiere exponer que este tipo de mesianismo es el que compete al Hijo de Dios (15,39). Jesús se reveló como Hijo de Dios muriendo. Esta segunda parte es también eminentemente cristológica, como la primera, e invita a los creyentes a comprender cómo sigue actuando hoy día Jesús, a quien reconocemos como Mesías.

La exposición de Marcos se puede dividir en tres secciones. La primera es una catequesis sobre la muerte y resurrección (8,31 – 10,52), la segunda expone la actuación mesiánica de Jesús en Jerusalén (caps. 11-13) y la tercera proclama la muerte y resurrección de Jesús (14,1 – 16,8). La obra termina con un apéndice (16,9-20).

La primera sección consta de tres desarrollos, estructurados en torno a los tres anuncios de la muerte y resurrección de Jesús, siguiendo siempre la misma secuencia: anuncio + los discípulos no comprenden + enseñanzas. Los tres elementos están íntimamente desarrollados: se comprende no con la cabeza, sino con el corazón; por ello, los valores que dominen en el corazón condicionarán la comprensión de una enseñanza. En este caso concreto, los discípulos no comprenden porque en sus corazones dominan antivalores, como el egoísmo, el deseo de tener, dominar, imponerse, etc. Por ello, las enseñanzas que aparecen en cada desarrollo versan sobre los valores que permiten conocer el modo del mesianismo de Jesús, la muerte y resurrección. Y a la inversa, la aceptación de la muerte y resurrección ayuda a comprender el ser para los demás, el servicio, el compartir... como valores, como formas concretas de compartir la muerte y resurrección.

1. PRIMER ANUNCIO Y ENSEÑANZAS

Primer anuncio de la Pasión (8,31-33)
(Mt 16,21-23; 21,42; Lc 9,22)

³¹Y comenzó a enseñarles que el Hijo del hombre debía sufrir mucho y ser reprobado por los ancianos, los sumos sacerdotes y los escribas, ser matado y resucitar a los tres días. ³²Hablaba de esto abiertamente. Tomándole aparte, Pedro se puso a reprenderle. ³³Pero él, volviéndose y mirando a sus discípulos, reprendió a Pedro, diciéndole: «¡Quítate de mi vista, Satanás! porque tus pensamientos no son los de Dios, sino los de los hombres».

Jesús anuncia por primera vez su muerte y resurrección como característica fundamental de su mesianismo, pues corresponde al plan de Dios que debía realizarse. El término «debía» normalmente designa un hecho que corresponde al plan de Dios, lo que implica que tiene sentido dentro de su plan salvador. Marcos subraya que este tema no fue algo puntual, sino que «hablaba» una y otra vez con toda claridad, y que esta enseñanza constituía un nuevo comienzo. Por esta razón se suele poner aquí el comienzo de la segunda parte. Pedro no comprende, lo que implica que en la confesión anterior entendía Mesías en sentido religioso político, triunfalista. Le escandaliza la idea de un Cristo-Rey que tenga que morir, porque ignora lo que es la resurrección (ver 9,10.32). Por ello reprende a Jesús en privado, apartándolo del grupo, pero Jesús, tomando a su vez a Pedro y colocándolo frente al grupo, en público, lo reprende severamente, llamándole Satanás, Tentador, porque lo quiere apartar de la voluntad de Dios. No piensa con criterios de Dios, sino humanos.

Condiciones para seguir a Jesús (8,34 – 9,1)
(Mt 16,24-28; Lc 9,23-27)

[34]Llamando a la gente a la vez que a sus discípulos, les dijo: «Si alguno quiere venir en pos de mí, niéguese a sí mismo, tome su cruz y sígame. [35]Porque quien quiera salvar su vida, la perderá; pero quien pierda su vida por mí y por el Evangelio, la salvará. [36]Pues ¿de qué le sirve al hombre ganar el mundo entero si arruina su vida? [37]Pues ¿qué puede dar el hombre a cambio de su vida? [38]Porque quien se avergüence de mí y de mis palabras en esta generación adúltera y pecadora, también el Hijo del hombre se avergonzará de él cuando venga en la gloria de su Padre con los santos ángeles.»

9 [1]Les decía también: «Yo os aseguro que entre los aquí presentes hay algunos que no gustarán la muerte hasta que vean venir con poder el Reino de Dios».

Después de rechazar la postura de Pedro, Jesús convoca a los discípulos y a la gente para definir las condiciones de su seguimiento. Hasta ahora el grupo de seguidores creía seguir a un líder religioso-político. Ahora Jesús exige que renueven la decisión de seguirle con mayor conocimiento de causa, sabiendo que siguen al que muere para resucitar. Para ello les expone los requisitos indispensables. Comienzan así las enseñanzas de las actitudes y valores que condicionan el conocimiento del mesianismo de muerte y resurrección. La perícopa consta de un principio general (8,34) que expone los requisitos básicos para el seguimiento, que se pueden resumir en la decisión total de seguir a Jesús, lo que negativamente implica renunciar a vivir para uno mismo, centrado en los propios intereses, y positivamente estar dispuesto a morir por Jesús. La frase «tomar la cruz» designa la decisión de llegar hasta la muerte, si es necesario. Sólo entonces se está en condiciones de seguir a Jesús sin temor a fracasar. Siguen dos explicaciones (8,35-37) que aclaran el principio general: el que se quiera realizar de acuerdo con los criterios de valor humanos, viviendo centrado en sí, fracasará existencialmente perdiendo la vida ante Dios. Y viceversa, triunfará existencialmente el que pierda la vida por «Jesús o el Evangelio» (en la concepción teológica de Marcos Jesús se identifica con el Evangelio). Y si uno pierde la vida existencialmente, ¿cómo podrá recuperarla? La conclusión

(8,38) justifica las exigencias de Jesús: es el juez escatológico y, cuando venga en su parusía en la gloria de su Padre, rodeado de ángeles, aplicará la ley del talión –vergüenza por vergüenza–, avergonzándose ante Dios del que se avergüence de él y de su doctrina ante los criterios de valor del mundo, que rechaza los valores del Reino. Jesús se autodenomina Hijo del hombre y llama a Dios su Padre, presentándose como Hijo de Dios y atribuyéndose características divinas, como el venir con gloria divina rodeado de ángeles. La última sentencia, a modo de transición (9,1) justifica la afirmación anterior: es tan cierta esta venida que algunos de los presentes, antes de morir, van a tener la experiencia de ver al Reino de Dios viniendo con poder, experimentando que Jesús posee la gloria divina. Lo que verán a continuación será a Jesús transfigurado. Marcos identifica así Reino de Dios con Jesús glorificado. El Reino no es una teoría, sino Jesús muerto y resucitado. Por ello Orígenes llamó a Jesús *autobasileia*, personificación del Reino.

La Transfiguración (9,2-8)
(Mt 17,1-8; Lc 9,28-36)

²Seis días después, toma Jesús consigo a Pedro, Santiago y Juan, y los lleva, a ellos solos, aparte, a un monte alto. Y se transfiguró delante de ellos, ³y sus vestidos se volvieron resplandecientes, muy blancos, tanto que ningún batanero en la tierra sería capaz de blanquearlos de ese modo. ⁴Se les aparecieron Elías y Moisés, y conversaban con Jesús. ⁵Toma la palabra Pedro y dice a Jesús: «Rabbí, bueno es estarnos aquí. Vamos a hacer tres tiendas, una para ti, otra para Moisés y otra para Elías»; ⁶–pues no sabía qué responder ya que estaban atemorizados–. ⁷Entonces se formó una nube que les cubrió con su sombra, y vino una voz desde la nube: «Este es mi Hijo amado, escuchadle.» ⁸Y de pronto, mirando en derredor, ya no vieron a nadie más que a Jesús solo con ellos.

La transfiguración es para Marcos el cumplimiento de la promesa anterior. En ella la gloria de Jesús y las palabras del Padre confirman la nueva enseñanza sobre la muerte y resurrección como el camino querido por Dios para el Mesías. Pedro, Santiago y Juan son el grupo que no morirá sin ver el reino de Dios venir con poder (ver 9,1), precisamente ellos, que fueron testigos de la mayor revelación en poder (revivificación de muertos) y serán testigos de la revelación en la debilidad (Getsemaní). El «reino de Dios que viene en poder» es lo que están viendo ahora: Jesús transfigurado, que muestra por adelantado la gloria que tendrá en la resurrección. Aparece acompañado por Moisés y Elías como testigos, representantes de la Ley y los Profetas respectivamente, sugiriendo así que todo el AT está de acuerdo con él y con su camino. De esta forma Jesús hace ver a sus discípulos que asume este camino con plena libertad y no como una simple fatalidad humana. Los discípulos quedan desconcertados y llenos de temor ante la presencia de lo divino, y Pedro, en nombre de ellos, interviene de forma incoherente, haciendo una propuesta sin sentido, sin saber lo que decía. En esto aparece la nube de la gloria de Dios, que los envuelve, y la voz divina proclama ante los discípulos a Jesús como Hijo-Siervo (ver primer poema del Siervo, Is 42,1), igual que en el bautismo, e invita a los discípulos a escuchar su enseñanza de muerte y resurrección. Toda la escena tiene lugar en un monte alto, que evoca el Sinaí, como muestran una serie de detalles: Moisés y Elías están vinculados al Sinaí. Allí Moisés recibió la palabra de Dios y quedó constituido en el profeta al que hay que escuchar (Dt 18,15) y bajó del monte con el rostro resplandeciente (Ex 34,29-30); allí Elías recibió la conformación de su misión. La nube que cubre a los discípulos con su sombra evoca la de Ex 40,38. Ahora es Jesús, en su gloria, el que recibe la confirmación de su misión. Los discípulos son los destinatarios de toda la escena. Jesús, Elías y Moisés se manifiestan en gloria ante ellos. El Padre les habla a ellos invitándolos a escuchar su enseñanza. Básicamente lo que Jesús ha enseñado son dos cosas: que está llegando el Reino de Dios (1,14) y que éste se va a hacer realidad por su muerte y resurrección. Se trata, pues, de un camino querido por el Padre y asumido libremente por Jesús-Mesías-Siervo de Yahvé, el que posee el Espíritu. Por ello, visto con categorías de Dios (ver 8,33), es un camino de poder, que lleva a Jesús y a sus seguidores a la gloria de Dios. Pasa la experiencia y los discípulos se encuentran de nuevo solos con Jesús, en la oscuridad de la fe. La finalidad de la manifestación ha sido ayudar a caminar con Jesús, presentando la resurrección como meta, no sacar del camino de la fe. La llamada al seguimiento de Jesús, tomando su cruz, no puede prescindir del aspecto resurrección, explícito en el anuncio y en todo este contexto.

La venida de Elías (9,9-13)
(Mt 17,9-13)

⁹Y cuando bajaban del monte les ordenó que a nadie contasen lo que habían visto hasta que el Hijo del hombre resucitara de entre los muertos. ¹⁰Ellos observaron esta recomendación, discutiendo entre sí qué era eso de «resucitar de entre los muertos.» ¹¹Y le preguntaban: «¿Por qué dicen los escribas que Elías debe venir primero?» ¹²Él les contestó: «Elías vendrá primero y restablecerá todo; mas, ¿cómo está escrito del Hijo del hombre que sufrirá mucho y que será despreciado? ¹³Pues bien, yo os digo: Elías ha venido ya y han hecho con él cuanto han querido, según estaba escrito de él».

Los discípulos no han comprendido la escena de que han sido testigos, como dejan entrever en la propuesta de las tres tiendas. Idéntica incomprensión se manifiesta ahora en su pregunta sobre la resurrección (no han aceptado la muerte y, por ello, no pueden comprender lo que es la resurrección) y el diálogo sobre Elías. Marcos subraya así lo difícil que es para los criterios humanos de valor, de que están imbuidos los discípulos, aceptar los criterios de Dios, incluso después de la experiencia de Jesús glorioso y las palabras del Padre. En el diálogo a propósito de Elías, los discípulos están decepcionados porque interpretaron su presencia en la visión a la luz de las tradiciones judías, según las cuales antes de la venida del Mesías-Rey vendrá Elías para preparar la nación, opinión que excluye la muerte del Mesías. Pero Elías ha desaparecido con la visión, sin arreglar nada. Jesús rechaza esa tradición, en cuanto que excluye la muerte del Mesías, acontecimiento que está contenido en la Escritura, pero la acepta como tarea de preparación y la considera ya cumplida. Marcos no explicita más, pero Mt 17,13, en el texto paralelo, aclara que se refería a Juan Bautista, cuya muerte es un anuncio de su propio destino.

El endemoniado epiléptico (9,14-29)
(Mt 17,14-21; Lc 9,37-92)

¹⁴Al llegar junto a los discípulos, vio* a mucha gente que les rodeaba y a unos escribas que discutían con ellos. ¹⁵Toda la gente, al verle, quedó sorprendida y corrieron a saludarle. ¹⁶Él les pregun-

tó: «¿De qué discutís con ellos?» [17]Uno de entre la gente le respondió: «Maestro, te he traído a mi hijo que tiene un espíritu mudo [18]y, dondequiera que se apodera de él, le derriba, le hace echar espumarajos, rechinar de dientes y le deja rígido. He dicho a tus discípulos que lo expulsaran, pero no han podido.» [19]Él les responde: «¡Oh generación incrédula! ¿Hasta cuándo estaré con vosotros? ¿Hasta cuándo habré de soportaros? ¡Traédmelo!» [20]Y se lo trajeron. Apenas el espíritu vio a Jesús, agitó violentamente al muchacho y, cayendo en tierra, se revolcaba echando espumarajos. [21]Entonces él preguntó a su padre: «¿Cuánto tiempo hace que le viene sucediendo esto?» Le dijo: «Desde niño. [22]Y muchas veces le ha arrojado al fuego y al agua para acabar con él; pero, si algo puedes, ayúdanos, compadécete de nosotros.» [23]Jesús le dijo: «¡Qué es eso de si puedes! ¡Todo es posible para quien cree!» [24]Al instante gritó el padre del muchacho: «¡Creo, ayuda a mi poca fe!» [25]Viendo Jesús que se agolpaba la gente, increpó al espíritu inmundo, diciéndole: «Espíritu sordo y mudo, yo te lo mando: sal de él y no entres más en él.» [26]Y el espíritu salió dando gritos y agitándole con violencia. El muchacho quedó como muerto, hasta el punto de que muchos decían que había muerto. [27]Pero Jesús, tomándole de la mano, le levantó y él se puso en pie. [28]Cuando Jesús entró en casa, le preguntaban en privado sus discípulos: «¿Por qué nosotros no pudimos expulsarle?» [29]Les dijo: «Esta clase con nada puede ser arrojada sino con la oración».

V. 14 Variante: «vieron».
V. 29 Variante: «con la oración y el ayuno».

A la luz del contexto, la finalidad de esta perícopa es subrayar la necesidad de la fe y de la oración para seguir a Jesús, recorriendo su camino de muerte y resurrección. Marcos la presenta según el esquema "en público – en privado con los discípulos". En público (9,14-27) llevan a Jesús a un muchacho con un espíritu sordo y mudo, símbolo del que no oye ni habla. Posiblemente se trataba de un epiléptico. Los discípulos no han podido curarlo. Jesús realiza la curación en un contexto que subraya la necesidad y el poder de la fe. Todo es posible para el que cree, es decir, para el-que-se-hace-fuerte-en-Dios, según el sentido etimológico del verbo creer en hebreo. La reacción negativa de Jesús ante la incredulidad no va dirigida tanto al padre del epiléptico cuanto a los discípulos, que han recibido el poder de expulsar demonios y lo han ejercitado, pero que ahora no han podido hacerlo porque no aceptan el camino de Jesús al rechazar la muerte, lo que implica rechazarle a él y perder su poder. En privado (9,28-29) Jesús habla de la necesidad de la oración para mantenerse en la fe y compartir la tarea de Jesús.

2. Segundo anuncio y enseñanzas

Segundo anuncio de la Pasión (9,30-32)
(Mt 17,22-23; Lc 9,43-45)

³⁰Y saliendo de allí, iban caminando por Galilea; él no quería que se supiera, ³¹porque iba enseñando a sus discípulos. Les decía: «El Hijo del hombre será entregado en manos de los hombres; le matarán y a los tres días de haber muerto resucitará.» ³²Pero ellos no entendían lo que les decía y temían preguntarle.

El segundo desarrollo (9,30-10,31), el más largo de los tres, consta del anuncio e incomprensión de los discípulos y de dos series de enseñanzas. En el segundo anuncio (9,30-32), Jesús, mientras se dirige desde Cesarea de Filipo a Cafarnaún, anuncia en secreto su muerte y resurrección a los discípulos. «Será entregado» tiene como agente implícito a Dios. Como en el primer anuncio (8,31), se presenta la muerte dentro del plan de Dios, que permite que Jesús caiga en las manos de hombres impíos. Los discípulos no comprenden y no se atreven a preguntar. El temor en Marcos subraya el desconcierto de los discípulos ante la revelación desconcertante de Jesús (ver 4,41; 9,32;10,24.32): no saben cómo reaccionar ante este anuncio tan lejano de su forma de ver las cosas. Jesús iba hablando de muerte y ellos discutiendo sobre quién sería el primero, como se dirá un poco más adelante (9,34). Imposible comprenderlo.

Siguen dos series de enseñanzas en las que Jesús expone los valores que permiten al discípulo comprender el camino de muerte y resurrección y en los que, por otra parte, se concreta la vida de muerte y resurrección del discípulo. Su carencia explica su falta de inteligencia de este camino.

¿Quién es el mayor? (9,33-37)
(Mt 18,1-5; Lc 9,46-48)

[33]Llegaron a Cafarnaún y, una vez en casa, les preguntaba: «¿De qué discutíais por el camino?» [34]Ellos callaron, pues por el camino habían discutido entre sí quién era el mayor. [35]Entonces se sentó, llamó a los Doce, y les dijo: «Si uno quiere ser el primero, sea el último de todos y el servidor de todos.» [36]Y tomando un niño, le puso en medio de ellos, le estrechó entre sus brazos y les dijo: [37]«El que reciba a un niño como éste en mi nombre, a mí me recibe; y el que me reciba a mí, no me recibe a mí sino a Aquel que me ha enviado».

Primera serie de enseñanzas: sobre el servicio (9,33-50). El conjunto reúne una serie de enseñanzas heterogéneas, cuya unión se debe a un procedimiento, llamado "palabras-corchete", que empleaban los antiguos para retener de memoria diversas sentencias. Básicamente consiste en unir sentencias que tienen en común una palabra. Posiblemente en su origen esta composición se hizo en arameo, a base del término *talit*, que significa niño, pequeño, último, el que está en el último lugar, es decir, el discípulo. Al traducirse al griego se difumina el procedimiento. Con todo, se puede ver cómo unas palabras llevan a otras: primero – último (9,35) – último-niño (36) – niño – en nombre (37.38.39.41) – pequeño-escándalo (42.43) _ escandalizar-fuego (43.44.48) – fuego-sal (49) – sal (50 ab). El conjunto de enseñanzas están dirigidas a los Doce.

El mayor (9,33-37). Recorriendo «el camino» (9,34) van discutiendo todos los discípulos sobre quién es el mayor entre ellos. Marcos subraya el contraste: Jesús camina al lugar de su muerte, anunciándola; los discípulos creen que van al lugar de la manifestación mesiánica triunfal y de la llegada gloriosa del Reino de Dios. Llegados a Cafarnaún, en casa de Simón Jesús se sienta como maestro y llama a los Doce, enseñándoles que el que quiera ser el mayor debe hacerse el menor y servidor de todos. El camino para ser el mayor es el ser servidor, *diakonos*. El término designa al que sirve con gusto a los demás, y en el contexto de un banquete alude al que tiene como tarea procurar que todos se sienten a gusto. Jesús ilustra este principio con un gesto: coloca en el centro, lugar de honor, a un niño, una persona sin valor en aquel contexto. Lo abraza y declara que acoger al pequeño en su nombre, es decir, porque es su voluntad, con sus disposiciones y porque lo representa, ése lo acoge a él y así acoge al que le ha enviado, al Padre. De esta forma, el que acoge y sirve al pequeño, llega al Padre, al lugar de honor y será el mayor. Este es el camino, que implica una revolución de valores. Se trata de una enseñanza válida para todos, pero Marcos subraya su necesidad especialmente para los Doce.

El exorcista extraño (9,38-40)
(Lc 9,49-50)

[38]Juan le dijo: «Maestro, hemos visto a uno que expulsaba demonios en tu nombre y no viene con nosotros y tratamos de impedírselo porque no venía con nosotros.» [39]Pero Jesús dijo: «No se lo impidáis, pues no hay nadie que obre un milagro invocando mi nombre y que luego sea capaz de hablar mal de mí. [40]Pues el que no está contra nosotros, está por nosotros».

La fórmula «en mi nombre» (9,37) sirve como nexo para introducir esta enseñanza, en la que vuelve a aparecer: «en tu nombre». Juan cree que los Doce tienen la exclusiva del poder que han recibido de expulsar demonios en nombre de Jesús (3,15; 6,13); por ello, han tratado de impedir que lo ejercieran otros, que no eran del grupo de seguidores de Jesús. Pero Jesús les prohíbe impedírselo, ya que no tienen la exclusiva. Han de evitar ser exclusivistas, creyéndose los únicos colaboradores de Jesús en la obra del Reino. Jesús también actúa fuera de su Iglesia. Todo el que obra en nombre de los valores de Jesús trabaja en su favor. Para estar con los discípulos, basta con no estar positivamente contra Jesús y los valores que proclama.

Caridad con los discípulos (9,41)
(Mt 10,42)

[41]«Todo aquel que os dé de beber un vaso de agua por el hecho de que sois de Cristo, os aseguro que no perderá su recompensa».

Continuando con el tema del niño, Jesús habla de la postura que hay que tener ante los diversos tipos de pequeños. Una de ellos son los discípulos, que, a la luz de lo dicho anteriormente, deben ser los que están en el último lugar en actitud de servicio. Todo lo que se les haga, en cuanto tales discípulos, se le hace a Cristo, a quien siguen y representan, y, por ello, no quedará sin recompensa.

El escándalo (9,42-50)
(Mt 18,6-9; Lc 17,1-2)

[42]«Y al que escandalice a uno de estos pequeños que creen*, mejor le es que le pongan al cuello una de esas piedras de molino que mueven los asnos y que le echen al mar. [43]Y si tu mano te es ocasión de pecado, córtatela. Más vale que entres manco en la Vida que, con las dos manos, ir a la gehenna, al fuego que no se apaga* [44]. [45]Y si tu pie te es ocasión de pecado, córtatelo. Más vale que entres cojo en la Vida que, con los dos pies, ser arrojado a la gehenna[46]. [47]Y si tu ojo te es ocasión de pecado, sácatelo. Más vale que entres con un solo ojo en el Reino de Dios que, con los dos ojos, ser arrojado a la gehenna, [48]donde *su gusano no muere y el fuego no se apaga;* [49]pues todos han de ser salados con fuego*. [50]Buena es la sal; mas si la sal se vuelve insípida, ¿con qué la sazonaréis? Tened sal en vosotros y tened paz unos con otros».

V. 42. Adición: «en mí».

Los vv. 44 y 46 en la numeración de la Vulgata son simples repeticiones del v. 48 y se deben omitir con los mejores manuscritos.

V. 49 Algunos manuscritos añaden: «y toda víctima será salada con sal».

Otro tipo de niño o pequeño es el discípulo de Jesús, pequeño por su falta de formación o por su condición social. Escandalizar es un comportamiento que pone en peligro la fe de otro (ver 4,17; 14,27.29). El que haga esto con un discípulo pequeño e indefenso contrae una grave responsabilidad ante Dios. Esta sentencia sobre el escándalo atrae otras sobre la necesidad de evitar a toda costa, incluso con grave daño material, todo aquello que sea ocasión de escándalo para uno mismo, pues se expone uno a la condenación eterna, que se presenta, con lenguaje tomado del AT, como *gehenna*, donde el gusano no muere ni el fuego se apaga (Is 66,24). Finalmente la alusión al fuego atrae otras tres sobre la sal. La primera afirma que todos han de ser salados con fuego, es decir, los fieles han de ser purificados con la prueba, que a modo de fuego, convierte la víctima en agradable a Dios, aludiendo a Lv 2,13, que manda que toda víctima sea puesta al fuego con sal para que sea agradable a Dios. En la segunda, «sal» se refiere a la revelación y a la necesidad de conservarla intacta. Finalmente en la tercera, «sal» alude a la sal como elemento de un sacrificio pacífico, por lo que termina la instrucción invitando a tener paz. De esta forma, esta primera serie de enseñanzas, que estaba introducida por la discusión entre los discípulos (9,33), termina invitando a la paz.

Pregunta sobre el divorcio (10,1-12)
(Mt 19,1-9)

10 ¹Y levantándose de allí va a la región de Judea, y al otro lado del Jordán, y de nuevo vino la gente hacia él y, como acostumbraba, les enseñaba. ²Se acercaron unos fariseos que, para ponerlo a prueba, preguntaban: «¿Puede el marido repudiar a la mujer?» ³Él les respondió: «¿Qué os prescribió Moisés?» ⁴Ellos le dijeron: «Moisés permitió escribir el acta de divorcio y repudiarla.» ⁵Jesús les dijo: «Teniendo en cuenta la dureza de vuestro corazón escribió para vosotros este precepto. ⁶Pero desde el comienzo de la creación, *Él los hizo varón y hembra. ⁷Por eso dejará el hombre a su padre y a su madre**, ⁸*y los dos se harán una sola carne.* De manera que ya no son dos, sino una sola carne. ⁹Pues bien, lo que Dios unió, no lo separe el hombre.» ¹⁰Y ya en casa, los discípulos le volvían a preguntar sobre esto. ¹¹Él les dijo: «Quien repudie a su mujer y se case con otra, comete adulterio contra aquélla; ¹²y si ella repudia a su marido y se casa con otro, comete adulterio».

V. 7 Adición: «y se adherirá a su mujer», ver Gn 2,24 y Mt 19,5.

Segunda serie de enseñanzas: sobre el comportamiento cristiano (10,1-31). Esta unidad probablemente desarrolla una fuente antigua que recogía reglas prácticas sobre el comportamiento específico cristiano ante el matrimonio, los pequeños y los bienes. Marcos la aplica a todos los discípulos en función del conocimiento de Jesús, en cuanto que la valoración que se tenga de estas tres realidades condiciona el conocimiento de Jesús, el que habla de muerte y resurrección y de la vida comunitaria.

La primera enseñanza trata sobre el matrimonio indisoluble, y se desarrolla primero en público y después en privado a los discípulos. Comienza en público. Jesús, caminando hacia Judea por la otra parte del Jordán, se encuentra en Perea, junto a la frontera, frente a Jericó. Caminan con él los discípulos y una gran masa del pueblo, a los que iba enseñando, como era su costumbre. Unos fariseos preguntan sobre la licitud del divorcio «para ponerlo a prueba». La prueba consistía, por una parte, en ver si era capaz de condenar el divorcio, lo que implicaba hacerse impopular y condenar el comportamiento de Herodes Antipas, en cuyo territorio estaba, condena que costó la vida a Juan Bautista; y, por otra, ver si era consecuente con su doctrina de la fraternidad oponiéndose a un precepto de Moisés. Jesús se opone claramente al divorcio. Declara que la prescripción mosaica se debe a la dureza del corazón judío, pero que no responde al designio original de Dios creador, que quiso la igualdad y unidad del hombre y mujer en el matrimonio, donde se hacen una sola carne, como aparece en Gen 1,27;2,24. Jesús ilumina el matrimonio con la luz del plan creador de Dios. Dado que Dios ha capacitado a hombre y mujer para la unión matrimonial, los esposos están actuando un plan querido por Dios y deben vivir en plenitud esa unidad, que, por otra parte, Jesús acepta como forma concreta de vivir la fraternidad que se hace presente con la irrupción del Reino de Dios. Todo intento de romperla se debe al egoísmo humano y es contrario al plan de Dios creador y consecuentemente al orden de la creación.

Continúa en privado. Vueltos a casa, los discípulos de nuevo le preguntan sobre el mismo tema. Jesús responde afirmando que hay adulterio si un hombre repudia a su mujer y se casa con otra. Marcos explicita a continuación esta sentencia de Jesús, aplicándola a su contexto sociológico romano, en el que se permitía también la iniciativa de la mujer en el divorcio.

Jesús y los niños (10,13-16)
(Mt 19,13-15)

[13]Le presentaban unos niños para que los tocara; pero los discípulos les reñían. [14]Mas Jesús, al ver esto, se enfadó y les dijo: «Dejad que los niños vengan a mí, no se lo impidáis, porque de los que son

como éstos es el Reino de Dios. [15]Yo os aseguro: el que no reciba el Reino de Dios como niño, no entrará en él.» [16]Y abrazaba a los niños, y los bendecía poniendo las manos sobre ellos.

Jesús se enfada con sus discípulos, que impiden que le acerquen los niños para que les imponga las manos y los bendiga. Jesús ve en el niño la personificación de las disposiciones necesarias para recibir el Reino de Dios, que es totalmente gratuito y sólo lo puede recibir el que es radicalmente humilde. El niño es en sí mismo pura debilidad y total dependencia. En el contexto sociológico judío el niño no tiene derechos: es un don-nadie y pura dependencia, y además vive su pequeñez y dependencia con naturalidad y confianza; en todo depende del amor de sus padres. Por ello Jesús los pone en el centro (9,36s), los acoge, los bendice y quiere que estén físicamente presentes en la comunidad de sus discípulos, como recordatorio viviente de que «de los que son como éstos es el Reino de Dios». Jesús declara a los niños destinatarios privilegiados del Reino e invita a los discípulos a hacer suyas estas disposiciones para acoger ahora el Reino que él anuncia y entrar después definitivamente en él.

El hombre rico (10,17-22)
(Mt 19,16-22; Lc 18,18-23)

[17]Se ponía ya en camino cuando uno corrió a su encuentro y, arrodillándose ante él, le preguntó: «Maestro bueno, ¿qué he de hacer para tener en herencia vida eterna?» [18]Jesús le dijo: «¿Por qué me llamas bueno? Nadie es bueno sino sólo Dios. [19]Ya sabes los mandamientos: *No mates, no cometas adulterio, no robes, no levantes falso testimonio,* no seas injusto, *honra a tu padre y a tu madre.*» [20]Él, entonces, le dijo: «Maestro, todo eso lo he guardado desde mi juventud.» [21]Jesús, fijando en él su mirada, le amó y le dijo: «Una cosa te falta: anda, cuanto tienes véndelo y dáselo a los pobres y tendrás un tesoro en el cielo; luego, ven y sígueme.» [22]Pero él, abatido por estas palabras, se marchó entristecido, porque tenía muchos bienes.

Jesús continúa caminando hacia Jerusalén. En 10,17-31 Marcos reúne tres enseñanzas sobre las riquezas, articuladas según el esquema "en público" (primer episodio, la negativa del rico) y "en privado": los otros dos, en que ofrece una lección a los discípulos sobre la dificultad que crean las riquezas de cara al seguimiento y la salvación (segundo episodio), y son presentados tanto el seguimiento como las renuncias que implica el mismo a la luz del premio actual y futuro (tercero).

Vocación concreta de un rico para el seguimiento (10,17-22): la escena tiene lugar «en el camino». El rico está muy interesado en heredar la vida eterna y se dirige a Jesús llamándolo «maestro bueno». Jesús no rechaza el calificativo "bueno", pero dirige la atención de su interlocutor a Dios, que es la misma bondad. Con ello indirectamente alude al secreto de su persona. La vida eterna se presenta como herencia porque fundamentalmente es don gratuito de Dios, pero exige la cooperación del hombre para hacerla efectiva. El rico centra su pregunta en esta colaboración y Jesús le remite a varios mandamientos que concretan el amor al prójimo. Amar al prójimo es la colaboración que Dios quiere para heredar la vida eterna. El rico ya presta esta colaboración. Entonces sucede algo nuevo. Jesús lo mira con amor y de esta mirada nace la invitación a realizar esta colaboración de otra forma especial, en el seguimiento físico de Jesús, lo que implica desprenderse de todo lo que tiene y compartirlo con los pobres, desprendimiento que no es simple pérdida, pues se transforma en un tesoro en el cielo, meta a la que aspira (vease la tercera escena, que es una réplica a ésta). El rico rehusó la invitación de Jesús, porque era muy rico y se marchó triste.

Peligro de las riquezas (10,23-27)
(Mt 19,23-26; Lc 18,24-27)

[23]Jesús, mirando a su alrededor, dice a sus discípulos: «¡Qué difícil es que los que tienen riquezas entren en el Reino de Dios!» [24]Los discípulos quedaron sorprendidos al oírle estas palabras. Mas Jesús, tomando de nuevo la palabra, les dijo: «¡Hijos, qué difícil es entrar en el Reino de Dios! [25]Es más fácil que un camello pase por el ojo de la aguja, que el que un rico entre en el Reino de Dios.» [26]Pero ellos se asombraban aún más y se decían unos a otros: «Y ¿quién se podrá salvar?» [27]Jesús, mirándolos fijamente, dice: «Para los hombres, imposible; pero no para Dios, porque todo es posible para Dios».

La escena continúa en privado, con una enseñanza a los discípulos sobre los peligros de las riquezas de cara a la entrada en el Reino de Dios. Los discípulos se sorprenden porque en los ambientes religiosos de la época riquezas y prosperidad eran consideradas señales de bendición divina. Jesús insiste en subrayar la dificultad. Realmente, como pone de relieve la enseñanza sobre los niños (10,15), Dios sólo puede reinar sobre la persona que se abre totalmente a él, reconociendo su pobreza radical, cosa que es extremadamente difícil a los ricos, puesto que fácilmente ponen su confianza en las riquezas que poseen. Jesús ilustra esta dificultad con la hipérbole del camello y el ojo de la aguja de coser. Pero Dios todopoderoso puede hacer desaparecer esta dificultad, ayudando al hombre a desprender radicalmente su corazón de las riquezas. Lc 19,8 ilustra esta enseñanza: el rico Zaqueo devuelve el cuádruple de lo que ha robado y comparte la mitad de lo que posee legítimamente con los necesitados.

Recompensa prometida al desprendimiento (10,28-31) (Mt 19,27-30; Lc 18,28-30)

[28]Pedro se puso a decirle: «Ya lo ves, nosotros lo hemos dejado todo y te hemos seguido.» [29]Jesús dijo: «Yo os aseguro: nadie que haya dejado casa, hermanos, hermanas, madre, padre, hijos o hacienda por mí y por el Evangelio, [30]quedará sin recibir el ciento por uno: ahora, al presente, casas, hermanos, hermanas, madres, hijos y hacienda, con persecuciones; y en el mundo venidero, vida eterna. [31]Pero muchos primeros serán últimos y los últimos, primeros».

Para los que lo dejan todo por Jesús-Evangelio hay ahora una buena recompensa, aunque, ¡visión realista!, con persecuciones. Los miembros de la comunidad cristiana, al desprenderse, podrán encontrar una nueva familia, en la que hallarán madres, hermanos, hermanas e hijos, pero no padres, pues sólo tienen un Padre: Dios. Y después la vida eterna, meta a la que aspiraba el rico al hacer la pregunta (10,17). La perspectiva escatológica es esencial en la concepción marquiana del seguimiento, puesto que la visión de la meta anima a caminar. Todo esto significa que el seguimiento de Jesús implica un cambio de valores, de forma que los primeros serán últimos y los últimos primeros. En la mentalidad judía contemporánea la riqueza era signo de la bendición de Dios, pero con Jesús y la llegada del Reino cambia la perspectiva y es la pobreza y la austeridad la que expresa la bendición divina, pues permite la acogida del reino y el seguimiento de Jesús.

3. TERCER ANUNCIO Y ENSEÑANZAS

Tercer anuncio de la Pasión (10,32-34)
(Mt 20,17-19; Lc 18,31-33)

[32]Iban de camino subiendo a Jerusalén, y Jesús marchaba delante de ellos; ellos estaban sorprendidos y los que le seguían tenían miedo. Tomó otra vez a los Doce y comenzó a decirles lo que le iba a suceder: [33]«Mirad que subimos a Jerusalén, y el Hijo del hombre será entregado a los sumos sacerdotes y a los escribas; le condenarán a muerte y le entregarán a los gentiles, [34]y se burlarán de él, le escupirán, le azotarán y le matarán, y a los tres días resucitará».

El tercer anuncio de la muerte y resurrección (10,32-34) está dirigido a los Doce. Marcos da mucho énfasis a este anuncio, el más amplio de los tres, tanto desde el punto de vista de los detalles con que se anuncia la muerte como desde las reacciones de los discípulos. Comienza recordando el tema del camino y explicita que la meta es Jerusalén, presentando esta ciudad como el lugar de la muerte y resurrección, lugar que antes quedaba indeterminado. Van todos, los Doce y demás discípulos (ver 15,41, que alude al grupo de mujeres), subiendo hacia Jerusalén, que estaba situada cerca de mil metros más alta que Jericó. Jesús, consciente de su destino, marcha con decisión delante de ellos, pero los seguidores caminan atónicos y muertos de miedo (de nuevo el tema del miedo; ver 9,32). Entonces Jesús se dirige a los Doce, que deben ser testigos cualificados (son los elegidos para estar-con-él) de los hechos que se avecinan y se los anuncia para que los asuman libre y conscientemente, como ha hecho él. Comienza hablando en primera persona del plural (la única vez en Marcos), pero sólo del "caminar", pues la muerte y resurrección únicamente le compete a él. No habla Marcos explícitamente de incomprensión, pero todo el contexto la sugiere («estaban sorprendidos», «tenían miedo»; ver especialmente el tema de la ambición de la perícopa siguiente).

La petición de los hijos de Zebedeo (10,35-40)
(Mt 20,20-23)

³⁵Se acercan a él Santiago y Juan, los hijos de Zebedeo, y le dicen: «Maestro, queremos nos concedas lo que te pidamos.» ³⁶Él les dijo: «¿Qué queréis que os conceda?» ³⁷Ellos le respondieron: «Concédenos que nos sentemos en tu gloria, uno a tu derecha y otro a tu izquierda.» ³⁸Jesús les dijo: «No sabéis lo que pedís. ¿Podéis beber la copa que yo voy a beber, o ser bautizados con el bautismo con que yo voy a ser bautizado?» ³⁹Ellos le dijeron: «Sí, podemos.» Jesús les dijo: «La copa que yo voy a beber, sí la beberéis y también seréis bautizados con el bautismo con que yo voy a ser bautizado; ⁴⁰pero, sentarse a mi derecha o a mi izquierda no es cosa mía el concederlo, sino que es para quienes está preparado».

Al anuncio sigue una enseñanza sobre la necesidad del servicio, articulada en dos partes íntimamente unidas: la petición de los hijos de Zebedeo y la reacción de los otros diez apóstoles. La petición de Santiago y Juan muestra que la ambición les ciega y que no han comprendido: Jesús camina hacia Jerusalén, hablando de muerte y resurrección, y ellos siguen pensando en una manifestación mesiánica político-religiosa y en una llegada triunfal del Reino y, por ello, en primeros puestos.

Antes discutían con los demás sobre ellos (ver 9,33-34), ahora se dirigen directamente a Jesús para asegurarse. Jesús les dice que no saben lo que dicen y les invita a compartir su cáliz y bautismo. Cáliz (ver Is 51,17; Jr 25,28; 49,12; Ez 23,32-34) y bautismo (ver Sal 69,2-3; 42,8) son dos metáforas que designaban la muerte. Esto es lo que a él compete, invitar a su seguimiento por su camino, que lleva a la muerte y la resurrección. La acogida y puesto en el Reino compete al Padre, protagonista del mismo, pues la gloria de Jesús es la gloria del Padre (8,38).

Los jefes deben servir (10,41-45)
(Mt 20,24-28; Lc 22,24-27)

⁴¹Al oír esto los otros diez, empezaron a indignarse contra Santiago y Juan. ⁴²Jesús, llamándoles, les dice: «Sabéis que los que

son tenidos como jefes de las naciones, las dominan como señores absolutos y sus grandes las oprimen con su poder. [43]Pero no ha de ser así entre vosotros, sino que el que quiera llegar a ser grande entre vosotros, será vuestro servidor, [44]y el que quiera ser el primero entre vosotros, será esclavo de todos, [45]que tampoco el Hijo del hombre ha venido a ser servido, sino a servir y a dar su vida como rescate por muchos».

Los otros diez tampoco entienden y se indignan ante la petición. Jesús indica de nuevo (ver 9,35-37) el camino para llegar a la grandeza, invitándolos a no seguir modelos de poder político, fundados en la opresión, sino su modelo. La idea se presenta en paralelismo: entre vosotros, el más grande ha de ser servidor, es decir, el primero ha de ser esclavo de todos. Por ello el que quiera ser algo entre los discípulos, debe hacerse esclavo de todos los demás con la entrega existencial propia del esclavo, que no tiene derechos propios, sino que se debe totalmente a los otros. El fundamento de este comportamiento es el mismo Jesús, que se ha hecho esclavo-servidor hasta el punto de dar hasta la propia vida por todos. Aquí «muchos» equivale a todos (ver Mc 2,17; 8,29; 1 Tm 2,4-6; 2 Co 5,14-15).

El ciego de Jericó (10,46-52)
(Mt 20,29-34; Lc 18,35-43)

[46]Llegan a Jericó. Y cuando salía de Jericó, acompañado de sus discípulos y de una gran muchedumbre, el hijo de Timeo (Bartimeo), un mendigo ciego, estaba sentado junto al camino. [47]Al enterarse de que era Jesús de Nazaret, se puso a gritar: «¡Hijo de David, Jesús, ten compasión de mí!» [48]Muchos le increpaban para que se callara. Pero él gritaba mucho más: «¡Hijo de David, ten compasión de mí!» [49]Jesús se detuvo y dijo: «Llamadle.» Llaman al ciego, diciéndole: «¡Ánimo, levántate! Te llama.» [50]Y él, arrojando su manto, dio un brinco y vino ante Jesús. [51]Jesús, dirigiéndose a él, le dijo: «¿Qué quieres que te haga?» El ciego le dijo: «Rabbuní, ¡que vea!» [52]Jesús le dijo: «Vete, tu fe te ha salvado.» Y al instante recobró la vista y le seguía por el camino.

El relato de la curación del ciego sirve de conclusión de toda la sección. Se trata de un relato que tiene carácter de ejemplo a imitar, como las dos curaciones progresivas que cierran las secciones del pan (ver 7,31-37 y 8,22-26). Es el último milagro de Jesús y tiene lugar a la salida de Jericó, es decir, en el camino de Jerusalén. Bartimeo aparece como modelo de fe. Reconoce la propia ceguera y se dirige confiadamente a Jesús con un título mesiánico: Hijo de David. El título es ambiguo y lleno de connotaciones religioso-nacionalistas (ver a continuación 11,10; más adelante Jesús lo cuestionará, ver 12,35-37), pero ahora cura al ciego a causa de su fe. Jesús le manda acercarse y le pregunta qué quiere que le haga. Responde dirigiéndose a Jesús como *Rabbuní*, palabra aramea que significa "maestro mío" o simplemente el vocativo "maestro" (ver Jn 20,16). Pide ver y Jesús lo cura con su palabra. «Y le seguía por el camino»: discípulos y pueblo han de imitar al ciego. Es necesario reconocer la propia ceguera para pedir confiadamente y recibir la iluminación, y así poder seguir a Jesús «en el camino» hacia Jerusalén.

CAPÍTULO 2

EL JUICIO DE JERUSALÉN
(11,1 – 13,37)

En la segunda sección describe Marcos la actuación de Jesús en la Ciudad Santa, tipo de todo el pueblo judío y síntesis de toda la Historia de la Salvación. Hasta ahora Jesús ha proclamado el Reino de Dios en Galilea; ahora viene a proclamarlo al corazón del judaísmo, Jerusalén, donde está el Templo de Dios y donde residen el Sumo Sacerdote y el sanedrín, máximas autoridades religiosas. Entra en la Ciudad como Mesías y como tal visita oficialmente el Templo. Y lo tiene que descalificar, por no encontrar los frutos que espera Dios. Así la visita tiene carácter de juicio. Ante esto, la Ciudad, representada en el sanedrín, lo rechaza y decide matarlo porque ha descalificado el Templo y se ha presentado como el Hijo. Una serie de discusiones de los distintos grupos con Jesús muestran esta ruptura. Jesús, por su parte, condena a los escribas, anuncia la destrucción del Templo y ofrece a sus discípulos unas perspectivas sobre el futuro, en el que él, con su parusía, tendrá la última palabra. Esta sección, pues, sirve de introducción al relato de la muerte y resurrección, y ofrece las claves para entenderlo. La sección se divide en tres desarrollos.

1. ENTRADA MESIÁNICA EN JERUSALÉN Y EN EL TEMPLO

Entrada mesiánica en Jerusalén (11,1-11)
(Mt 21,1-11; Lc 19,28-38; Jn 12,12-16)

11 ¹Cuando se aproximaban a Jerusalén, cerca ya de Betfagé y Betania, al pie del monte de los Olivos, envía a dos de sus discípulos, ²diciéndoles: «Id al pueblo que está enfrente de vosotros, y no bien entréis en él, encontraréis un pollino atado, sobre el que no ha montado todavía ningún hombre. Desatadlo y traedlo. ³Y si alguien os dice: "¿Por qué hacéis eso?", decid: "El Señor lo necesita, y que lo devolverá en seguida".» ⁴Fueron y encontraron el pollino atado junto a una puerta, fuera, en la calle, y lo desataron. ⁵Algunos de los que estaban allí les dijeron: «¿Qué hacéis desatando el pollino?» ⁶Ellos les contestaron según les había dicho Jesús, y les dejaron. ⁷Traen el pollino ante Jesús, echaron encima sus mantos y se sentó sobre él. ⁸Muchos extendieron sus mantos por el camino; otros, follaje cortado de los campos. ⁹Los que iban delante y los que le seguían, gritaban: «¡Hosanna! ¡Bendito el que viene en nombre del Señor! ¹⁰¡Bendito el reino que viene, de nuestro padre David! ¡Hosanna en las alturas!» ¹¹Y entró en Jerusalén, en el Templo, y después de observar todo a su alrededor, siendo ya tarde, salió con los Doce para Betania.

Esta perícopa presenta la proclamación mesiánica de Jesús en Jerusalén, no con palabras, sino con hechos simbólicos, proclamación que resulta negativa por no encontrar frutos en la Ciudad. Jesús toma la iniciativa y organiza su entrada en la ciudad escenificando Za 9,9 (véase Gn 49,11), a la que corresponden los discípulos con ritos de entronización regia: extender mantos por el camino (véase 1 R 1,38-40; 2 R 9,13), ramos (véase 2 S 14,4; 2 R 6,26). La escena, igual que más adelante la preparación de la Última Cena, se inspira en 1 S 10,2-5 y tiene como finalidad presentar a Jesús consciente de lo que va a hacer, asumiendo libremente los acontecimientos: llega a Jerusalén como Mesías, no político-religioso que se impone con la violencia, sino como rey de paz y manso. Lo aclaman los discípulos y otras personas, que lo acompañan desde Galilea y que fueron testigos de la curación del ciego de Jericó, el que lo aclamó como Hijo de David. Los gestos de los ramos y vestidos y las aclamaciones aluden al Rey Mesías, Hijo de David, que viene a su ciudad a establecer su reino. Los jerosolimitanos no aparecen en toda la escena, con lo que Marcos quiere sugerir que hacen el vacío a Jesús. El término de la entrada es el Templo. Allí llega Jesús y echa una mirada sobre todo, como el que toma posesión de un lugar y se da cuenta de la situación en que se encuentra. Al atardecer, se retira a Betania, acompañado por los Doce, testigos especiales de este acontecimiento. Así termina la primera jornada en la ciudad.

La higuera estéril (11,12-14)
(Mt 21,18-19)

¹²Al día siguiente, saliendo ellos de Betania, sintió hambre. ¹³Y viendo de lejos una higuera con hojas, fue a ver si encontraba algo en ella; acercándose a ella, no encontró más que hojas; es que no era tiempo de higos. ¹⁴Entonces le dijo: «¡Que nunca jamás coma nadie fruto de ti!» Y sus discípulos oían esto.

Se trata de una parábola en acción, en dos tiempos, antes y después de la descalificación del Templo, dando así sentido a este hecho. Jesús maldice una higuera con muchas hojas, pero sin frutos. Marcos advierte que no era tiempo de ellos, por lo que la acción resulta paradójica y sorprendente. Con ello enseña Jesús que la lógica de Dios es diferente y mucho más profunda que la experimental, con la que no siempre coincide. La higuera es una imagen de Israel, pueblo que tenía que vigilar y dar frutos en el tiempo de la visita de Dios. Ha llegado esta visita de una forma inesperada y no ofrece frutos. Dios-juez es libre para visitar a su pueblo y pedirle los frutos en el momento que él determine. Ahora lo hace por Jesús, su enviado.

Expulsión de los vendedores del Templo (11,15-19)
(Mt 21,12-13.17; Lc 19,45-48; Jn 2,14-16)

¹⁵Llegan a Jerusalén; y entrando en el Templo, comenzó a echar fuera a los que vendían y a los que compraban en el Templo; volcó las mesas de los cambistas y los puestos de los vendedores de palomas ¹⁶y no permitía que nadie transportase cosas por el Templo. ¹⁷Y les enseñaba, diciéndoles: «¿No está escrito: Mi casa será llamada casa de oración para todas las gentes? ¡Pero vosotros la tenéis hecha una cueva de bandidos!» ¹⁸Se enteraron de esto los sumos sacerdotes y los escribas y buscaban cómo podrían matarle; porque le tenían miedo, pues toda la gente estaba asombrada de su doctrina. ¹⁹Y al atardecer, salía fuera de la ciudad.

El templo de Jerusalén, además de lugar de culto religioso, era el principal centro económico de la ciudad por la cantidad de personas que atraía y por los gastos que éstas tenían que realizar, entre ellos el proveerse de animales vivos para el culto sacrificial. Para esta última necesidad existía un lugar de venta fuera del recinto del templo, aunque muy cerca de él, la piscina probática. Pero otros comerciantes lograron de las autoridades del templo, mediante dinero, poder instalar lugares de venta en los pórticos del atrio de los gentiles. El espectáculo era expresión de un lugar de culto al servicio de los intereses económicos de comerciantes y sacerdotes. Jesús expulsa del templo a los mercaderes, ilustrando su gesto con dos textos proféticos, uno que habla de lo que debía ser (Is 56,7: casa de oración universal) y otro que describe lo que es de hecho (Jr 7,11: cueva de ladrones). La acción se prolongó durante un tiempo largo, como dejan entrever los imperfectos no «permitía», «enseñaba», «decía». Jesús, pues, descalifica al Templo, declarando que esta institución ya no responde al plan de Dios (en 13,2 anunciará su destrucción). Los príncipes de los sacerdotes, responsables directos de esta situación, y los escribas deciden matar a Jesús, pero no ejecutan inmediatamente su decisión por temor al pueblo, que escucha maravillado la doctrina de Jesús. Al atardecer de este segundo día en Jerusalén, sale de nuevo para Betania.

La higuera seca. Fe y oración (11,20-[26])
(Mt 21,20-22)

²⁰Al pasar muy de mañana, vieron la higuera, que estaba seca hasta la raíz. ²¹Pedro, recordándolo, le dice: «¡Rabbí, mira!, la higuera que maldijiste está seca.» ²²Jesús les respondió: «Tened fe en Dios. ²³Yo os aseguro que quien diga a este monte: "Quítate y arrójate al mar" y no vacile en su corazón, sino que crea que va a suceder lo que dice, lo obtendrá. ²⁴Por eso os digo: todo cuanto pidáis en la oración, creed que ya lo habéis recibido y lo obtendréis. ²⁵Y cuando os pongáis de pie para orar, perdonad, si tenéis algo contra alguno, para que también vuestro Padre, que está en los cielos, os perdone vuestras ofensas[²⁶]*».

V. 25 Adición: «Mas si vosotros no perdonáis, tampoco vuestro Padre que esta en los cielos perdonará vuestras ofensas», ver Mt 6,15.

Jesús dedica el tercer día a la enseñanza en el templo. Yendo de camino hacia él, desde Betania, los discípulos constatan que la higuera se ha secado y Jesús comenta el hecho con una exhortación a la fe, la oración y el perdón. A la luz del contexto se trata de hacer ver a sus discípulos cómo deben reaccionar ante el hecho de la incredulidad judía: la fe, sostenida por la oración y el perdón, puede librar al hombre del juicio. Sigue abierta la puerta de la conversión.

2. CONTROVERSIAS: OPOSICIÓN DE LOS DIRIGENTES

Controversia sobre la autoridad de Jesús (11,27-33)
(Mt 21,23-27; Lc 20,1-8)

[27]Vuelven a Jerusalén y, mientras paseaba por el Templo, se le acercan los sumos sacerdotes, los escribas y los ancianos, [28]y le decían: «¿Con qué autoridad haces esto?, o ¿quién te ha dado tal autoridad para hacerlo?» [29]Jesús les dijo: «Os voy a preguntar una cosa. Respondedme y os diré con qué autoridad hago esto. [30]El bautismo de Juan, ¿era del cielo o de los hombres? Respondedme.» [31]Ellos discurrían entre sí: «Si decimos: "Del cielo", dirá: "Entonces, ¿por qué no le creísteis?". [32]Pero ¿vamos a decir: "De los hombres?"» Tenían miedo a la gente; pues todos tenían a Juan por un verdadero profeta. [33]Responden, pues, a Jesús: «No sabemos.» Jesús entonces les dice: «Tampoco yo os digo con qué autoridad hago esto».

Esta perícopa y la siguiente son importantes, pues describen el primer encuentro de Jesús con una representación oficial de su pueblo, el sanedrín. Jesús desenmascara su falsa religiosidad y ellos deciden acabar con él porque descalifica el templo y porque se presenta como Hijo de Dios.

Ya antes ha informado Marcos de que los príncipes de los sacerdotes y escribas deciden acabar con Jesús, después que éste expulsara a los mercaderes. Ahora, representantes de los tres estamentos del sanedrín (sacerdotes, escribas, ancianos) preguntan a Jesús quién le autorizó para proceder de esta forma en el templo. Jesús responde con una contrapregunta, centrada en el bautismo de Juan Bautista: ¿era auténtico y querido por Dios o era obra de un farsante iluminado? Ellos sopesan las consecuencias de su respuesta. Si aceptan la autenticidad, Jesús les puede reprochar su postura negativa ante él; si declaran que Juan fue un impostor, se exponen a una reacción negativa del pueblo contra ellos, pues el pueblo reconoce la autenticidad.

Ante esto se niegan a responder, poniendo así de manifiesto su mala voluntad. Por ello, Jesús también se niega a responder directamente, aunque con la siguiente parábola ilumina la situación.

Parábola de los viñadores homicidas (12,1-12)
(Mt 21,33-46; Lc 20,9-19)

12 ¹Y se puso a hablarles en parábolas: «Un hombre plantó una viña, la rodeó de una cerca, cavó un lagar y edificó una torre; la arrendó a unos labradores, y se ausentó. ²Envió un siervo a los labradores a su debido tiempo para recibir de ellos una parte de los frutos de la viña. ³Ellos le agarraron, le golpearon y le despacharon con las manos vacías. ⁴De nuevo les envió a otro siervo; también a éste le descalabraron y le insultaron. ⁵Y envió a otro y a éste le mataron; y también a otros muchos, hiriendo a unos, matando a otros. ⁶Todavía le quedaba un hijo querido; les envió a éste, el último, diciendo: "A mi hijo le respetarán". ⁷Pero aquellos labradores dijeron entre sí: "Éste es el heredero. Vamos, matémosle, y será nuestra la herencia". ⁸Le agarraron, le mataron y le echaron fuera de la viña. ⁹¿Qué hará el dueño de la viña? Vendrá y dará muerte a los labradores y entregará la viña a otros. ¹⁰¿No habéis leído esta Escritura:

La piedra que los constructores desecharon,
en piedra angular se ha convertido;
¹¹fue el Señor quien hizo esto
y es maravilloso a nuestros ojos?»

¹²Trataban de detenerle –pero tuvieron miedo a la gente– porque habían comprendido que la parábola la había dicho por ellos. Y dejándole, se fueron.

Jesús condena la postura del sanedrín, representante religioso del pueblo de Dios. El pueblo de Dios es propiedad de Dios, y la tarea de sus servidores, representados ahora por el sanedrín, es cuidar que dé frutos al Dueño; pero históricamente se han negado maltratando y matando a los diversos profetas que Dios ha ido enviando a lo largo de los siglos. Ahora quieren matar al Hijo amado, el último y definitivo enviado de Dios, rechazando al que es piedra angular de la salvación (Sal 118,22-23) con el fin de adueñarse de la herencia. Los sanedritas comprenden que Jesús se refiere a ellos como los viñadores y que se aplica a sí mismo el título de Hijo y, por ello deciden acabar con él, pero no lo detienen inmediatamente por temor al pueblo.

El tributo debido al César (12,13-17)
(Mt 22,15-22; Lc 20,20-26)

[13]Y envían hacia él algunos fariseos y herodianos, para cazarle en alguna palabra. [14]Vienen y le dicen: «Maestro, sabemos que eres veraz y que no te importa por nadie, porque no miras la condición de las personas, sino que enseñas con franqueza el camino de Dios: ¿Es lícito pagar tributo al César o no? ¿Pagamos o dejamos de pagar?» [15]Mas él, dándose cuenta de su hipocresía, les dijo: «¿Por qué me tentáis? Traedme un denario, que lo vea.» [16]Se lo trajeron y les dice: «¿De quién es esta imagen y la inscripción?» Ellos le dijeron: «Del César.» [17]Jesús les dijo: «Lo del César, devolvédselo al César, y lo de Dios, a Dios.» Y se maravillaban de él.

Los sanedritas envían a unos fariseos y herodianos para ver si lo cogen en alguna declaración comprometedora: Marcos subraya la mala intención de la embajada. Los enviados comienzan con una declaración lisonjera sobre la independencia de juicio de Jesús, que sólo actúa en conciencia ante Dios. Pretenden con ello forzarle a manifestar su pensamiento, sin temor a los presentes. La pregunta se plantea en línea de principios generales abstractos: ¿es lícito pagar el tributo a César, sí (como dicen los herodianos) o no (como defienden los fariseos)? Jesús replantea la cuestión, situándola en un plano existencial concreto. Ellos tienen y emplean la moneda de César, porque les interesa beneficiarse del sistema económico del Imperio Romano, pero no les gusta pagar impuestos y se excusan con motivos religiosos (pagar el impuesto sería signo de la aceptación del dominio de Roma, y ellos ¡sólo aceptan el dominio de Dios!). Para Jesús hay que estar a las duras y a las maduras con relación a la moneda y ser consecuentes con el propio comportamiento. Si se benefician del comercio y del orden romano, también deben contribuir a su mantenimiento. Por ello, deben dar a Dios lo que es suyo, es decir, todo, incluida la esfera política y económica, y a César lo que le pertenece, es decir, la moneda que de hecho usan (es incorrecta la interpretación frecuente que identifica a Dios con Iglesia-culto y a César con la esfera política. No se contraponen Iglesia-Poder político, sino Dios-Poder político).

La resurrección de los muertos (12,18-27)
(Mt 22,23-33; Lc 20,27-40)

[18]Se le acercan unos saduceos, esos que niegan que haya resurrección, y le preguntaban: [19]«Maestro, Moisés nos dejó escrito que si muere el hermano de alguno y deja mujer y no deja hijos, que su hermano tome a la mujer para dar descendencia a su hermano. [20]Eran siete hermanos: el primero tomó mujer, pero murió sin dejar descendencia; [21]también el segundo la tomó y murió sin dejar descendencia; y el tercero lo mismo. [22]Ninguno de los siete dejó descendencia. Después de todos, murió también la mujer. [23]En la resurrección, cuando resuciten, ¿de cuál de ellos será mujer? Porque los siete la tuvieron por mujer.» [24]Jesús les contestó: «¿No estáis en un error precisamente por esto, por no entender las Escrituras ni el poder de Dios? [25]Pues cuando resuciten de entre los muertos, ni ellos tomarán mujer ni ellas marido, sino que serán como ángeles en los cielos. [26]Y acerca de que los muertos resucitan, ¿no habéis leído en el libro de Moisés, en lo de la zarza, cómo Dios le dijo: Yo soy el Dios de Abrahán, el Dios de Isaac y el Dios de Jacob? [27]No es un Dios de muertos, sino de vivos. Estáis en un gran error».

Los saduceos niegan la resurrección por ser novedad teológica, introducida en el judaísmo en el siglo III a.C. por grupos asideos y defendida en tiempos de Jesús por fariseos y esenios. Sin embargo, en esta época el concepto estaba poco elaborado, y con el término "resucitar" se quería afirmar que Dios hará volver a la vida a los que murieron, pero ¿a qué vida? ¿A la misma vida terrena que tenían o a otra vida transcendente en el mundo de Dios? Los saduceos lo entienden en el primer sentido, como una revivificación de cadáveres, que seguirían viviendo en las mismas condiciones de la vida terrena, aunque mejorada, sin defectos ni limitaciones, y en esto basan el sofisma que dirigen a Jesús. Éste rechaza el planteamiento, afirmando primero que se trata de una vuelta a la vida para vivir en el mundo de Dios, como los ángeles, y en segundo lugar que será posible por el poder de Dios, que según la Escritura, es el Dios de la vida.

El mandamiento principal (12,28-34)
(Mt 22,34-40.46; Lc 10,25-28.40)

[28]Acercóse uno de los escribas que les había oído y, viendo que les había respondido muy bien, le preguntó: «¿Cuál es el primero de todos los mandamientos?» [29]Jesús le contestó: «El primero es: Escucha, Israel: El Señor, nuestro Dios, es el único Señor, [30]y amarás al Señor, tu Dios, con todo tu corazón, con toda tu alma, con toda tu mente y con todas tus fuerzas. [31]El segundo es: Amarás a tu prójimo como a ti mismo. No existe otro mandamiento mayor que éstos.» [32]Le dijo el escriba: «Muy bien, Maestro; tienes razón al decir que Él es único y que no hay otro fuera de Él, [33]y amarle con todo el corazón, con toda la inteligencia y con todas las fuerzas, y amar al prójimo como a sí mismo vale más que todos los holocaustos y sacrificios.» [34]Y Jesús, viendo que le había contestado con sensatez, le dijo: «No estás lejos del Reino de Dios.» Y nadie más se atrevía ya a hacerle preguntas.

Este diálogo tiene carácter positivo, al contrario de los anteriores. Viene un escriba, experto en la Escritura, que con su comentario a la contestación de Jesús va a poner en evidencia la mala intención de fariseos y saduceos: la oposición no se basa en diferencia de principios teológicos, pues en el fondo están de acuerdo en lo fundamental, sino en malas disposiciones internas, que se traducen en una vida religiosa al servicio de su vanidad, orgullo, afán de poder y de tener (véase más abajo, Mc 12,38-39). Por eso, desenmascarados, los enemigos de Jesús ya no se atreven a hacer más preguntas.

El escriba, que ha estado presente en la escena anterior y estaba de acuerdo con la respuesta de Jesús, pregunta por el primero de los 613 preceptos del AT, que los rabinos solían clasificar de diversas maneras. La respuesta de Jesús, citando la *shemá* (Dt 6,4-5) y Lv 19,18, y uniendo amor a Dios y amor al prójimo, era conocida por el judaísmo de su época y especialmente está en línea con el judaísmo helenista. El escriba alaba esta respuesta, subrayando en su comentario que el amor es mucho mejor que los holocaustos y sacrificios (Am 5,21; Sal 40,7-9; 1 S 15,22), con lo que sugiere que está de acuerdo con la condenación del templo que ha hecho Jesús y por la que le van a matar. En un comentario final Jesús afirma que el escriba –y el mundo teológico que encarna– no está lejos del Reino de Dios, que es en esencia amor filial y fraternal, pero le falta algo. La perícopa siguiente sugiere que lo que le falta al escriba es la referencia a Jesús, para lo cual los invita a profundizar en el misterio de su persona a la luz de la Escritura.

Cristo, hijo y Señor de David (12,35-37)
(Mt 22,41-46; Lc 20,41-44)

³⁵Jesús, tomando la palabra, decía mientras enseñaba en el Templo: «¿Cómo dicen los escribas que el Cristo es hijo de David? ³⁶David mismo dijo, movido por el Espíritu Santo:

Dijo el Señor a mi Señor:
Siéntate a mi diestra
hasta que ponga a tus enemigos
debajo de tus pies.

³⁷El mismo David le llama Señor; ¿cómo entonces puede ser hijo suyo?» La muchedumbre le oía con agrado.

Ahora Jesús toma la iniciativa (igual que en la última de las cinco controversias que narró Marcos al comienzo, véase 3,1-5) y, enseñando en el templo, pregunta al pueblo, que le escucha con agrado, sobre el título mesiánico Hijo de David, con el que le han aclamado a la salida de Jericó y en la entrada a Jerusalén. Es un título ambiguo e insuficiente, pues si David llama al Mesías Señor (Sal 110,1), ¿cómo puede ser hijo suyo? Es una invitación a profundizar en el misterio de su persona a la luz del título Señor, *Kyrios*, que le da David en la Escritura.

Los escribas juzgados por Jesús (12,38-40)
(Mt 23,6-7; Lc 20,45-47; 11,43)

³⁸Decía también en su instrucción: «Guardaos de los escribas, que gustan pasear con amplio ropaje, ser saludados en las plazas, ³⁹ocupar los primeros asientos en las sinagogas y los primeros puestos en los banquetes; ⁴⁰y que devoran la hacienda de las viudas so capa de largas oraciones. Ésos tendrán una sentencia más rigurosa».

A modo de conclusión, termina este desarrollo con la oposición de dos tipos de religiosidad, la de los escribas y la de la viuda. Hablando al pueblo, Jesús le invita a evitar la religiosidad de los escribas, al servicio de su vanidad, de su orgullo y de su rapacidad. Por ello tendrán un juicio severo.

El óbolo de la viuda (12,41-44)
(Lc 21,1-4)

[41]Jesús se sentó frente al arca del Tesoro y miraba cómo echaba la gente monedas en el arca del Tesoro: muchos ricos echaban mucho. [42]Llegó también una viuda pobre y echó dos moneditas, o sea, una cuarta parte del as. [43]Entonces, llamando a sus discípulos, les dijo: «Os digo de verdad que esta viuda pobre ha echado más que todos los que echan en el arca del Tesoro. [44]Pues todos han echado de lo que les sobraba, ésta, en cambio, ha echado de lo que necesitaba todo cuanto poseía, todo lo que tenía para vivir».

La enseñanza sobre la viuda está dirigida a los discípulos. Mientras los ricos ofrecen grandes cantidades, la viuda ofrece dos moneditas (literalmente «dos leptos, que es un cuadrante»: moneda helenista con el equivalente romano; tanto el lepton como el cuadrante son las monedas más pequeñas de sus respectivos sistemas monetarios). Su pequeño don es mayor que el de los demás, porque tiene carácter de entrega existencial total a Dios, en cuyas manos providentes se entrega. Los discípulos deben valorar a los pequeños (ver 9,37.41s).

3. DISCURSO ESCATOLÓGICO

Es la última enseñanza de Jesús antes de la pasión y tiene carácter de panorámica sobre el futuro de Jerusalén y de los discípulos. El discurso está dirigido a cuatro de éstos, los mismos que fueron testigos del comienzo de la proclamación del Reino (13,3 véase 1,16-20). La razón de esta restricción está en el uso de un lenguaje perteneciente al género apocalíptico, que exige pocos oyentes, pero el contenido está dirigido a todos, como se pone de relieve al final (13,37):

todos los discípulos han de vigilar, esperando la parusía del Señor, cuyo tiempo se ignora, vigilando ante los falsos mesías y profetas, afrontando con ánimo las persecuciones y realizando cada uno su propia tarea.

El discurso, tal como está, no se puede atribuir a Jesús, que no empleó el lenguaje apocalíptico y siempre invitó a la vigilancia, pues se ignora el día y la hora del final (Mc 13,32). El origen concreto de este discurso, tal como aparece en Marcos, es muy discutido, pero existe un relativo consenso en que se trata de la reelaboracion cristiana por parte de Marcos de un documento apocalíptico inspirado en Daniel, que se había divulgado entre las comunidades cristianas durante la rebelión judía contra Roma (años 66-70). Este documento, obra de un judío o judeocristiano, se caracterizaría por su naturaleza apocalíptica. La apocalíptica suele ofrecer una visión del futuro, inspirándose para ello en la palabra de Dios contenida en la Biblia, pero pone a su lado otro manantial, al que también atribuye un origen divino y que prácticamente anula al primero: la revelación por medio de una visión (esto da nombre al género apocalíptico, pues revelación se dice en griego *apokalypsis*). La visión de futuro que ofrece la apocalíptica suele ser detallada, pero se presenta con un lenguaje simbólico (guerras, pestes, terremotos, señales en el sol...). Como consecuencia, se invita al oyente o lector a *calcular* cuándo se realizan estos signos para prepararse al final. En esto se diferencia de la escatología, que también ofrece una perspectiva del futuro, pero apoyada sólo en la palabra de Dios, que se recibe en la oscuridad de la fe. Por ello, no se invita al oyente o lector a calcular, sino a *vigilar*, porque no se sabe el día ni la hora. En perspectiva cristiana, lo correcto es la escatología, que exige vigilar, no la apocalíptica y sus cálculos. El documento apocalíptico que, según esta hipótesis, circularía entre los cristianos desarrollaba la predicción de Jesús sobre la destrucción del templo, presentándola como comienzo de la parusía de Jesús y del fin del mundo, ofreciendo pistas para saber cuándo será: primero "se oirán" una serie de signos, después "se verán otros signos", finalmente llegarán aquellos días, en cuya primera parte habría un gran cataclismo y en la segunda tendría lugar la parusía (Mc 13,2.4.7-8.14-20.24-27). Como este tipo de literatura era del agrado del pueblo, una manera de invalidar el documento fue intercalar en el conjunto una serie de sentencias de Jesús sobre la necesidad de la vigilancia y su razón: no se sabe el día ni la hora (Mc 13,5-6.9-13.21-23.28-37). Deja así sin sentido "probativo" a los signos del documento apocalíptico, pero mantiene su estructura general y asume su sentido básico, en el que coinciden escatología y apocalíptica: la historia camina hacia un fin, cumplimiento de las promesas de Dios. El resultado es un discurso en el que sigue presente el tema de los signos del final, pero sin fuerza probativa, y en el que el tema básico es escatológico: la historia camina hacia un final, prometido por Dios y que consiste en la parusía de Jesús, que vendrá a reunir a sus elegidos. Como se desconoce el cuándo, hay que vivir en constante vigilancia para superar las dificultades futuras: falsos mesías, falsos profetas y persecuciones.

Introducción (13,1-4)
(Mt 24,1-3; Lc 21,5-7)

13 ¹Al salir del Templo, le dice uno de sus discípulos: «Maestro, mira qué piedras y qué construcciones.» ²Jesús le dijo: «¿Ves estas grandiosas construcciones? No quedará piedra sobre piedra que no sea derruida».

³Estando luego sentado en el monte de los Olivos, frente al Templo, le preguntaron en privado Pedro, Santiago, Juan y Andrés: ⁴«Dinos cuándo sucederá eso, y cuál será la señal de que todas estas cosas están para cumplirse».

El conjunto del discurso está estructurado según el esquema "en público (declaración sobre el templo) – en privado" (discurso a cuatro discípulos). Jesús predijo la destrucción del templo y dio a esta predicción un alcance escatológico, en cuanto que era un hecho que pertenecía al final de "este mundo religioso" y comienzo del "mundo nuevo", que tiene un nuevo culto, un culto existencial, centrado en su muerte y resurrección (véase Jn 2,18-22). Pero la reacción de los discípulos deja suponer que dan otro sentido a las palabras de Jesús, entendiendo final de "este" mundo como final de la historia profana. De aquí la pregunta sobre este final y de los signos que lo precederán, para poder calcular el momento. Es una pregunta de cuño netamente apocalíptico.

El comienzo de los dolores (13,5-13)
(Mt 24,4-14; Lc 21,8-19)

[5]Jesús empezó a decirles: «Mirad que no os engañe nadie. [6]Vendrán muchos usurpando mi nombre y diciendo: `Yo soy', y engañarán a muchos. [7]Cuando oigáis hablar de guerras y de rumores de guerras, no os alarméis; porque eso es necesario que suceda, pero no es todavía el fin. [8]Pues se levantará nación contra nación y reino contra reino. Habrá terremotos en diversos lugares, habrá hambre: esto será el comienzo de los dolores de alumbramiento. [9]Pero vosotros mirad por vosotros mismos; os entregarán a los tribunales, seréis azotados en las sinagogas y compareceréis ante gobernadores y reyes por mi causa, para que deis testimonio ante ellos. [10]Y es preciso que antes sea proclamada el Evangelio a todas las naciones. [11]Y cuando os lleven para entregaros, no os preocupéis de qué vais a hablar; sino hablad lo que se os comunique en aquel momento. Porque no seréis vosotros los que hablaréis, sino el Espíritu Santo. [12]Y entregará a la muerte hermano a hermano y padre a hijo; se levantarán hijos contra padres y los matarán. [13]Y seréis odiados de todos por causa de mi nombre; pero el que persevere hasta el fin, ése se salvará».

La perícopa recoge tres párrafos. El primero (13,5b-6) es una exhortación a la vigilancia ante el peligro de falsos mesías, que se presentan como salvadores, y de falsos profetas, que enseñan el error en nombre de Dios. Es un peligro que amenazará constantemente a la comunidad cristiana. Por ello, más adelante (vv. 21-23) se repetirá la exhortación.

El segundo (13,7-8) es de origen apocalíptico y presenta una serie de signos negativos que «se oyen»: guerras (véase Dn 2,28), terremotos, hambres, que tienen carácter de «comienzo de los dolores». Se refiere a los dolores del parto, que anuncian una nueva criatura. Se trata de lugares comunes del lenguaje apocalíptico, por lo que no hay que tomarlo al pie de la letra, pues sólo indican que la historia ya camina hacia su "alumbramiento", es decir, hacia el cumplimiento de la promesa de Dios, y que ya han comenzado los "dolores" que darán a luz un mundo nuevo.

El tercer párrafo pasa de nuevo a la exhortación (13,9-13), anunciando futuras persecuciones e indicando la postura que hay que tomar ante ellas en un mundo que camina hacia su consumación. La comunidad debe vivir alerta, pues será perseguida a causa de Jesús por parte de judíos y gentiles. Debe aprovechar esta circunstancia como ocasión para dar testimonio de forma oficial ante los tribunales; por ello, será un momento de grave responsabilidad eclesial, que el discípulo debe asumir y en la que será asistido por el Espíritu Santo. La persecución puede llegar a tener momentos difíciles, hasta el punto de ser perseguidos por los más íntimos e incluso ser objeto de un odio general; pero es necesario perseverar hasta la muerte para salvarse. Marcos subraya que en este contexto difícil no hay que abandonar la misión, pues ha dispuesto Dios que, a pesar de ella, el Evangelio sea proclamado en todo el mundo (13,10).

La gran tribulación de Jerusalén (13,14-23)
(Mt 24,15-25; Lc 21,20-24)

[14]«Pero cuando veáis la abominación de la desolación erigida donde no debe (el que lea, que entienda), entonces, los que estén en Judea, huyan a los montes; [15]el que esté en el terrado, no baje ni entre a recoger algo de su casa, [16]y el que esté por el campo, no regrese en busca de su manto. [17]¡Ay de las que estén encinta o criando en aquellos días! [18]Orad para que no suceda en invierno. [19]Porque aquellos días habrá una tribulación cual no la hubo desde el principio de la creación, que hizo Dios, hasta el presente, ni la volverá a haber. [20]Y si el Señor no abreviase aquellos días, no se salvaría nadie, pero en atención a los elegidos que él escogió, ha abreviado los días. [21]Entonces, si alguno os dice: "Mirad, el Cristo aquí", "Miradlo allí", no lo creáis. [22]Pues surgirán falsos cristos y falsos profetas y realizarán señales y prodigios con el propósito de engañar, si fuera posible, a los elegidos. [23]Vosotros, pues, estad sobre aviso; mirad que os lo he predicho todo.

La perícopa consta de dos partes. La primera es de origen apocalíptico y presenta el signo positivo que "se ve" (13,14-20), y de nuevo va acompañada de lugares comunes, tomados del lenguaje apocalíptico, que sitúan al lector al final de la historia. El signo que se ve es la «abominación de la desolación» (véase Dn 9,27; 11,31; 12,11; 1 M 1,54, donde la expresión evoca la estatua de Zeus Olímpico, a quien se consagró el templo de Jerusalén, véase 2 M 6,2), que aquí se concibe como un personaje, el anticristo. Ante su presencia, hay que huir, pues van a comenzar los «días finales», cuya «primera parte» se describe con lenguaje tópico: gran tribulación (véase Dn 12,1), que Dios abreviará en atención a sus elegidos. La segunda parte es de tipo escatológico y recoge de nuevo la exhortación de Jesús a vigilar, pues surgirán falsos cristos y falsos profetas realizando señales y prodigios capaces de engañar incluso a los mismos elegidos, si Dios lo permitiera (ver 2 Ts 2,9-13).

La manifestación gloriosa del Hijo del hombre (13,24-27)
(Mt 24,29-31; Lc 21,25-27)

[24]«Mas por esos días, después de aquella tribulación, el sol se oscurecerá, la luna no dará su resplandor, [25]las estrellas irán cayendo del cielo, y las fuerzas que están en los cielos serán sacudidas. [26]Y entonces verán al Hijo del hombre que viene entre nubes con gran poder y gloria; [27]entonces enviará a los ángeles y reunirá de los cuatro vientos a sus elegidos, desde el extremo de la tierra hasta el extremo del cielo».

El final tendrá lugar en la segunda parte de aquellos días. Una serie de fenómenos cósmicos, tomados del lenguaje apocalíptico, acompañan la teofanía-juicio. Se trata de lugares comunes, de imágenes inspiradas en las descripciones que hace el AT del Día de Yahvé y que tienen como finalidad afirmar la presencia de Dios para juzgar. El que aparece en la teofanía es Jesús en su parusía, presentado como el Hijo del hombre que viene entre nubes con gran poder y gloria divinos (ver Dn 7,13-14). La finalidad de su venida es reunir a sus elegidos de todo el mundo. La historia, pues, camina hacia la reunión del Pueblo de Dios, cumpliéndose así la promesa (véase Dt 30,4s; Is 11,11.16; 27,12; 60,4s; Ez 29,37; Za 2,6-11 [LXX].La misma idea aparece en Jn 11,51, pero en perspectiva de escatología realizada: en la Iglesia ya comienza la reunión escatológica universal).

Parábola de la higuera (13,28-32)
(Mt 24,32-36; Lc 21,29-33)

[28]«De la higuera aprended esta parábola: cuando ya sus ramas están tiernas y brotan las hojas, sabéis que el verano está cerca.

[29]Así también vosotros, cuando veáis que sucede esto, sabed que Él está cerca, a las puertas. [30]Yo os aseguro que no pasará esta generación hasta que todo esto suceda. [31]El cielo y la tierra pasarán, pero mis palabras no pasarán. [32]Mas de aquel día y hora, nadie sabe nada, ni los ángeles en el cielo, ni el Hijo, sino sólo el Padre».

En Palestina los primeros calores del verano provocan la aparición de las ramas tiernas de la higuera, por lo que éstas son signo de que ya ha comenzado el verano; son, pues, fenómenos simultáneos. Igualmente son simultáneos la parusía y sus signos. Siguen tres precisiones complementarias (13,30-32): la primera (v. 30) asegura que el juicio de la parusía afectará a toda generación incrédula. «Esta generación», cuando escribe Marcos, no puede referirse a la contemporánea de Jesús, que para estas fechas ya había desaparecido; se refiere, pues, a la cualidad de aquella generación, que se distinguió por su incredulidad y el rechazo de Jesús. La segunda precisión asegura que todo lo anunciado por Jesús se cumplirá, con toda la certeza que caracteriza a la palabra de Dios. Finalmente la tercera (v.32) precisa que nadie, ni ángeles ni el mismo Jesús, que aquí se autodenomina «el Hijo» en sentido absoluto, conoce el día ni la hora, en cuanto que este dato no pertenece a su misión. Sólo la conoce el Padre, protagonista de toda la Historia de la Salvación. Por ello se impone vigilar.

Estar alerta para no ser sorprendidos (13,33-37)
(Mt 24,32-36; Lc 21,29-33)

[33]«Estad atentos y vigilad, porque ignoráis cuándo será el momento. [34]Al igual que un hombre que se ausenta: deja su casa, da atribuciones a sus siervos, a cada uno su trabajo, y ordena al portero que vele; [35]velad, por tanto, ya que no sabéis cuándo viene el dueño de la casa, si al atardecer, o a media noche, o al cantar del gallo, o de madrugada. [36]No sea que llegue de improviso y os encuentre dormidos. [37]Lo que a vosotros digo, a todos lo digo: ¡Velad!».

El discurso, que ha estado dirigido a cuatro, termina con una exhortación a la vigilancia que afecta a todos los discípulos. La parábola final es una composición de Marcos a base de la parábola del portero (Lc 12,36-38), la de los talentos (Mt 25,14-15) y elementos propios, como puede comprobarse por la falta de lógica en su desarrollo: ¿ha de estar el portero vigilando constantemente durante una ausencia larga? Se comprende durante la ausencia del dueño que ha ido a una boda y que vendrá a una hora indeterminada de la noche, pero no en el caso de un viaje que puede durar años. Todos tienen que vigilar, porque el hecho es cierto, aunque se desconoce la hora. Vigilar es "no dormir" y orar para evitar la "tentación escatológica" (ver Mc 14,37.40), superando el peligro de renunciar a Jesús y su obra.

CAPÍTULO 3

PROCLAMACIÓN DE LA MUERTE Y RESURRECCIÓN (14,1 – 16,8)

Todo el relato de Marcos tiende hacia la muerte-resurrección. En la primera parte, Jesús se revela como Mesías en un contexto en el que los fariseos y herodianos deciden acabar con él y el pueblo lo rechaza. En la segunda parte, la primera sección está centrada en el anuncio de la muerte y resurrección, la segunda explica por qué motivos concretos el sanedrín decide matarle. Puesto que el problema que tienen los destinatarios de esta obra era una crisis de fe, originada por una concepción falsa, triunfalista, del mesianismo de Jesús, Marcos subraya ahora de una forma especial que el mesianismo de Jesús se realiza históricamente en la debilidad y en el aparente fracaso, pero que en la misma hondura de este fracaso revela toda su validez, pues lo revela como Hijo de Dios. Éste es el Jesús al que debe conocer la comunidad cristiana. Entonces no lo conocieron los discípulos, porque ante la dificultad y el aparente fracaso lo abandonaron. Sólo lo reconoció el centurión, al ver cómo moría (15,39). Pero el Resucitado convoca a sus discípulos a Galilea, donde lo podrán "ver" y donde continúa actuando del mismo modo que actuó en su ministerio terreno, poderoso pero en aparente debilidad.

Por este motivo, todo el relato está caracterizado por los contrastes y la paradoja. Marcos presenta la revelación del Hijo de Dios subrayando su debilidad, su angustia, su soledad, el abandono y traición de sus discípulos, las burlas de los testigos, y todo ello sin explicaciones. Da a todo el relato un tono de proclamación, la proclamación del fracaso aparente de Jesús, pero un fracaso que desde la fe es revelador y fuente de vida. Por ello opone constantemente experiencia histórica y visión de fe.

1. Pasión y muerte. Preparación próxima

Conspiración contra Jesús (14,1-2)
(Mt 26,2-5; Lc 22,1-2)

14 ¹Faltaban dos días para la Pascua y los Ázimos. Los sumos sacerdotes y los escribas buscaban cómo prenderle con engaño y matarle. ²Pues decían: «Durante la fiesta no, no sea que haya alboroto del pueblo».

La introducción del relato sitúa al lector cronológicamente dos días antes de la fiesta de Pascua y presenta las malas disposiciones de los sanedritas, representados aquí por pontífices y escribas: estaban una y otra vez haciendo planes para apoderarse de Jesús con engaño (véase 12,12s) para matarle, pero quieren hacerlo después de la fiesta, para evitar tumultos populares.

Unción en Betania (14,3-9)
(Mt 26,6-13; Jn 12,1-8)

³Estando él en Betania, en casa de Simón el leproso, recostado a la mesa, vino una mujer que traía un frasco de alabastro con perfume puro de nardo, de mucho precio; quebró el frasco y lo derramó sobre su cabeza. ⁴Había algunos que se decían entre sí indignados: «¿Para qué este despilfarro de perfume? ⁵Se podía haber vendido este perfume por más de trescientos denarios y habérselo dado a los pobres.» Y refunfuñaban contra ella. ⁶Mas Jesús dijo: «Dejadla. ¿Por qué la molestáis? Ha hecho una obra buena en mí. ⁷Porque pobres tendréis siempre con vosotros y podréis hacerles bien cuando queráis; pero a mí no me tendréis siempre. ⁸Ha hecho lo que ha podido. Se ha anticipado a embalsamar mi cuerpo para la sepultura. ⁹Yo os aseguro: dondequiera que se proclame el Evangelio, en el mundo entero, se hablará también de lo que ésta ha hecho para memoria suya».

La postura generosa de la mujer contrasta con la mala voluntad de los pontífices y escribas, y con la de Judas (relato posterior: entrega por dinero). Al igual que Jn 12,3, Marcos concreta que se trataba de perfume de nardo para subrayar la calidad del perfume. Se trata del extracto de una planta aromática de la India. La mujer quiebra el frasco para derramarlo más abundantemente y más de prisa, como gesto de afectuosa prodigalidad. Jesús aparece como conocedor de su destino mortal, que acepta libremente; por ello, a pesar de las críticas, acepta la unción de la mujer como unción de su cadáver, invitando a los presentes a no contraponer esta acción con el cuidado a los pobres. Por ello ordena que esta acción se incluya en la proclamación del evangelio. La comunidad deberá venerar a Jesús y a los pobres.

Traición de Judas (14,10-11)
(Mt 26,14-16; Lc 23,3-6)

[10]Entonces, Judas Iscariote, uno de los Doce, se fue donde los sumos sacerdotes para entregárselo. [11]Al oírlo ellos, se alegraron y prometieron darle dinero. Y él andaba buscando cómo le entregaría en momento oportuno.

Breve noticia que prepara 14,17ss y 14,43ss. El relato subraya la alegría de los pontífices y el hecho de que Judas fuera «uno de los Doce», es decir, uno del grupo llamado por Jesús a la intimidad es el que lo traiciona y busca oportunidad para «entregarlo» (verbo inspirado en el cuarto poema del Siervo de Yahvé, donde se resalta que el mismo Siervo se entrega a la muerte; véase Is 53,12). La entrega va a consistir en avisar a los pontífices, cuando Jesús se encuentre en un lugar solitario, donde lo puedan prender sin peligro de tumulto popular.

Preparativos para la cena pascual (14,12-16)
(Mt 26,17-19; Lc 22,7-13)

[12]El primer día de los Ázimos, cuando se sacrificaba el cordero pascual, le dicen sus discípulos: «¿Dónde quieres que vayamos a hacer los preparativos para que comas el cordero de Pascua?» [13]Entonces, envía a dos de sus discípulos y les dice: «Id a la ciudad; os saldrá al encuentro un hombre llevando un cántaro de agua; seguidle [14]y allí donde entre, decid al dueño de la casa: "El Maestro dice: ¿Dónde está mi sala, donde pueda comer la Pascua con mis discípulos?". [15]Él os enseñará en el piso superior una sala grande, ya dispuesta y preparada; haced allí los preparativos para nosotros.» [16]Los discípulos salieron, llegaron a la ciudad, lo encontraron tal como les había dicho, y prepararon la Pascua.

Marcos da mucho relieve a la cena, que para él es pascual. En el judaísmo la Pascua es fiesta de solidaridad y liberación, pero Jesús la va a vivir en contexto de traición, abandono y prisión. Marcos subraya el contraste, colocando el relato de la Eucaristía entre dos anuncios, uno de traición y otro de abandono.

El relato de la preparación se inspira en 1 S 10,2-5 y tiene como finalidad dar realce a la cena pascual, que se narra a continuación, y subrayar la presciencia sobrenatural y la libertad del Maestro (sólo aquí Jesús se llama maestro), que se dispone a dar una lección especial.

Anuncio de la traición de Judas (14,17-21)
(Mt 26,20-25; Lc 22,14.21-23; Jn 13,21-30)

[17]Y al atardecer, llega él con los Doce. [18]Y mientras comían recostados, Jesús dijo: «Yo os aseguro que uno de vosotros me entregará, el que come conmigo.» [19]Ellos empezaron a entristecerse y a decirle uno tras otro: «¿Acaso soy yo?» [20]Él les dijo: «Uno de los Doce que moja conmigo en el mismo plato. [21]Porque el Hijo del hombre se va, como está escrito de él, pero ¡ay de aquel por quien el Hijo del hombre es entregado! ¡Más le valdría a ese hombre no haber nacido!»

Marcos alude a la presencia de los Doce, los llamados a convivir especialmente con él y ser testigos privilegiados de su obra. Jesús anuncia al grupo que uno de ellos, que ahora está comiendo con él, lo va a "entregar"; él asume esta situación, de acuerdo con la voluntad del Padre, pero a su vez pondera la malicia y consecuencias de la acción.

Institución de la Eucaristía (14,22-25)
(Mt 26,26-29; Lc 22,15-20; 1 Co 11,23-25)

[22]Y mientras estaban comiendo, tomó pan, lo bendijo, lo partió y se lo dio y dijo: «Tomad, éste es mi cuerpo.» [23]Tomó luego una copa y, dadas las gracias, se la dio, y bebieron todos de ella. [24]Y les dijo: «Ésta es mi sangre de la alianza, que es derramada por muchos. [25]Yo os aseguro que ya no beberé del producto de la vid hasta el día en que lo beba nuevo en el Reino de Dios».

Jesús da a los Doce su cuerpo, anticipando la nueva relación (cuerpo en la antropología hebrea es todo el hombre en cuanto capacidad de relación), el nuevo modo de estar-con-él, que creará con su muerte y resurrección. Igualmente les da su sangre, su vida, que, al «entregarse», sellará una nueva alianza, un nuevo modo de estar con él, con Dios y entre ellos, y les promete la consumación de esta nueva relación en el banquete del Reino futuro.

Predicción de las negaciones de Pedro (14,26-31)
(Mt 26,30-35; Lc 22,31-34.39; Jn 13,36-38)

[26]Y cantados los himnos, salieron hacia el monte de los Olivos. [27]Jesús les dice: «Todos os vais a escandalizar, ya que está escrito: *Heriré al pastor y se dispersarán las ovejas.* [28]Pero después de mi resurrección, iré delante de vosotros a Galilea.» [29]Pedro le dijo: «Aunque todos se escandalicen, yo no.» [30]Jesús le dice: «Yo te aseguro: hoy, esta misma noche, antes que el gallo cante dos veces, tú me habrás negado tres.» [31]Pero él insistía: «Aunque tenga que morir contigo, yo no te negaré.» Lo mismo decían también todos.

Después de cantar los salmos con los que termina la Cena Pascual (Sal 115-118), de camino al huerto de Getsemaní, Jesús anuncia el abandono general, de acuerdo con el plan de Dios consignado en la Escritura (Za 3,17), por lo que deberá culminar solo su camino. Los Doce, llamados a estar-con-él y acompañarle en su camino, huirán, fracasando así en su vocación. Pedro, a pesar de sus protestas, llegará incluso a negarle. Pero Marcos subraya que queda aún una esperanza: después de resucitar, Jesús los convocará a un nuevo encuentro en Galilea, donde reconstruirá el grupo de discípulo.

Agonía de Jesús (14,32-42)
(Mt 26,36-46; Lc 22,40-46)

[32]Van a una propiedad, cuyo nombre es Getsemaní, y dice a sus discípulos: «Sentaos aquí, mientras yo hago oración.» [33]Toma consigo a Pedro, Santiago y Juan, y comenzó a sentir pavor y angustia. [34]Y les dice: «Mi alma está triste hasta el punto de morir; quedaos aquí

y velad.» [35]Y adelantándose un poco, caía en tierra y suplicaba que a ser posible pasara de él aquella hora. [36]Y decía: «¡Abbá, Padre!; todo es posible para ti; aparta de mí esta copa; pero no sea lo que yo quiero, sino lo que quieres tú.» [37]Viene entonces y los encuentra dormidos; y dice a Pedro: «Simón, ¿duermes?, ¿ni una hora has podido velar? [38]Velad y orad, para que no caigáis en tentación; que el espíritu está pronto, pero la carne es débil.» [39]Y alejándose de nuevo, oró diciendo las mismas palabras. [40]Volvió otra vez y los encontró dormidos, pues sus ojos estaban cargados; ellos no sabían qué contestarle. [41]Viene por tercera vez y les dice: «Ahora ya podéis dormir y descansar. Basta ya. Llegó la hora. Mirad que el Hijo del hombre va a ser entregado en manos de los pecadores. [42]¡Levantaos! ¡vámonos! Mirad, el que me va a entregar está cerca».

La escena está llena de contrastes y paradojas. Los discípulos acompañan a Jesús a Getsemaní; elige a tres para que sean testigos especiales de la revelación que va a tener lugar, los mismos que presenciaron su poder taumatúrgico y su gloria, pero los tres elegidos se duermen.

Marcos subraya los aspectos humanos de Jesús: comenzó a sentir pavor y angustia, es decir, "sentir una terrible sorpresa que llena de temor" (significado de *ekthanbeisthai*) ante la muerte inminente y "sentirse amenazado por un acontecimiento que angustia" (sentido de *ademonein*). El mismo Jesús explicita que experimenta una angustia capaz de producir la muerte. Y se desplomó en tierra. En este contexto se revela como el Hijo, que pide filial y confiadamente al Padre otra salida a esta situación, pero aceptando de antemano la soberana decisión divina. *Abbá*, equivalente a nuestro *papá*, es la palabra aramea que en tiempos de Jesús emplean los niños para dirigirse a sus padres, e implica confianza, intimidad y reconocimiento de su autoridad. Es la única vez que aparece en los evangelios en labios de Jesús. San Pablo la aplica dos veces a los cristianos (Ga 4,6; Rm 8,15), pues el Espíritu los hace hijos de Dios. Una y otra vez persevera en esta oración (tres veces, número perfecto). Subraya igualmente la postura negativa de los discípulos, que no vigilan, a pesar de que hay que orar para superar la debilidad de la carne, que arrastra consigo las buenas intenciones. Porque no vigilan, a continuación abandonarán a Jesús, a pesar de las buenas declaraciones anteriores véase (14,27-31).

Aparentemente no hay respuesta a la oración de Jesús, que tiene que asumir su destino mortal, pero realmente la hay: la misma actitud de asumir resueltamente la muerte, demostrando así su cualidad de Hijo, que al final de este proceso declarará el centurión (véase 15,39).

2. PASIÓN Y MUERTE

Prendimiento de Jesús (14,43-52)
(Mt 26,47-56; Lc 22,47-53; Jn 18,2-11).

[43]Todavía estaba hablando, cuando de pronto se presenta Judas, uno de los Doce, acompañado de un grupo con espadas y palos, de parte de los sumos sacerdotes, de los escribas y de los ancianos. [44]El que le iba a entregar les había dado esta contraseña: «Aquel a quien yo dé un beso, ése es, prendedle y llevadle con cautela.» [45]Nada más llegar, se acerca a él y le dice: «Rabbí», y le dio un beso. [46]Ellos le echaron mano y le prendieron. [47]Uno de los presentes, sacando la espada, hirió al siervo del Sumo Sacerdote, y le llevó la oreja. [48]Y tomando la palabra Jesús, les dijo: «¿Como contra un salteador habéis salido a prenderme con espadas y palos? [49]Todos los días estaba junto a vosotros enseñando en el Templo, y no me detuvisteis. Pero es para que se cumplan las Escrituras.» [50]Y abandonándole huyeron todos. [51]Un joven le seguía cubierto sólo de un lienzo; y le detienen. [52]Pero él, dejando el lienzo, se escapó desnudo.

El relato pone de relieve la libertad de Jesús, que afronta conscientemente los acontecimientos, los condena y declara su sentido. Actuó públicamente en el templo de Jerusalén y nadie lo pudo acusar ni rebatir entonces; ahora vienen a prenderlo en la oscuridad con garrotes y espadas, como a un ladrón. Pero todo esto tiene un sentido según las Escrituras, que Jesús acepta. Con relación a los discípulos se subraya la gravedad de la traición por parte de Judas, «uno de los Doce», de los llamados a la intimidad, que hace del beso la señal de la entrega. El resto de los discípulos no saben más que reaccionar violentamente en un primer momento y después huir, dejando solo al Maestro. Es la hora del fracaso del grupo de los llamados a estar-con-él. Por ello, no estarán presentes en la hora de la máxima revelación de Jesús. Para muchos comentaristas el detalle del joven que huye desnudo se refiere al mismo evangelista.

Las alusiones a la Escritura hay que interpretarlas a la luz de la mentalidad religiosa del pueblo judío, que tiende a verlo todo desde la voluntad de Dios. Como ésta se manifiesta especialmente en la Escritura, se procura iluminar con ella todos los acontecimientos, especialmente los difíciles, para encontrar consuelo y fortaleza que ayude a afrontarlos. Es una mentalidad que también compartimos nosotros los cristianos ahora, cuando referimos con esta finalidad un hecho difícil a Dios, pero mientras que nosotros lo hacemos de forma genérica, contentándonos con saber que Dios hace cooperar todas las cosas, incluso las negativas, para el bien de los que lo aman (véase Rm 8,28), aunque no sepamos en concreto cómo esta realidad negativa pueda ser buena, el judío, que tiene una mentalidad concreta, buscará textos bíblicos concretos que le permitan realizar la conexión entre el hecho y Dios. La finalidad, pues, de estas referencias a la Escritura no es afirmar que Dios predijo y quiso positivamente que Jesús muriera violentamente, sino que este hecho negativo, causado directamente por la mala voluntad de los hombres, tiene un sentido ante Dios, por lo que Jesús lo asume. Realmente es una consecuencia de la opción que ha hecho de hacer la voluntad del Padre hasta las últimas consecuencias, lo cual revela su amor al Padre y el amor del Padre a los hombres. Dios Padre quiere positivamente esta opción.

Jesús ante el Sanedrín (14,53-65)
(Mt 26-57-68; Lc 22,54.63-71)

⁵³Llevaron a Jesús ante el Sumo Sacerdote, y se reúnen todos los sumos sacerdotes, los ancianos y los escribas. ⁵⁴También Pedro le siguió de lejos, hasta dentro del palacio del Sumo Sacerdote, y estaba sentado con los criados, calentándose al fuego. ⁵⁵Los sumos sacerdotes y el Sanedrín entero andaban buscando contra Jesús un testimonio para darle muerte; pero no lo encontraban. ⁵⁶Pues muchos daban falso testimonio contra él, pero los testimonios no coincidían. ⁵⁷Algunos, levantándose, dieron contra él este falso testimonio: ⁵⁸«Nosotros le oímos decir: Yo destruiré este Santuario hecho por hombres y en tres días edificaré otro no hecho por hombres.» ⁵⁹Y tampoco en este caso coincidía su testimonio. ⁶⁰Entonces, se levantó el Sumo Sacerdote y poniéndose en medio, preguntó a Jesús: «¿No respondes nada? ¿Qué es lo que éstos atestiguan contra ti?*» ⁶¹Pero

él seguía callado y no respondía nada. El Sumo Sacerdote le preguntó de nuevo: «¿Eres tú el Cristo, el Hijo del Bendito?» [62]Y dijo Jesús: «Sí, yo soy, y veréis *al Hijo del hombre sentado a la diestra del Poder y venir entre las nubes del cielo.*» [63]El Sumo Sacerdote se rasga las túnicas y dice: «¿Qué necesidad tenemos ya de testigos? [64]Habéis oído la blasfemia. ¿Qué os parece?» Todos juzgaron que era reo de muerte.

[65]Algunos se pusieron a escupirle*, le cubrían la cara y le daban bofetadas, mientras le decían: «Adivina*», y los criados le recibieron a golpes.

V. 60 Como en Mt 26,62, también se traduce: «¿Nada respondes a lo que estos atestiguan contra ti?».

V. 65 Vetus Latina (a f), el texto de Cesarea y Pesitta añaden «a la cara» y omiten «y le cubrían la cara», véase Mt 26,27; la mayoría de los manuscritos, por armonización con Lc 22,64, leen «escupirle encima y cubrirle la cara con un velo». Adición: «¿Quién es el que te ha pegado?», testimonio de valor secundario, pues se ha buscado la armonización con Mt 26,68 y Lc 22,64.

Dos procesos llevan a Jesús a la muerte: uno judío y otro romano. El judío está centrado en las dos reuniones del sanedrín, tribunal supremo del pueblo judío, que lo juzga sobre su mesianismo.

Después de una introducción (14,53-54), en la que se presentan los diversos personajes que van a intervenir (Jesús, sanedrín, criados, Pedro), se pasa a la sesión nocturna del sanedrín (14,55-64), uno de los puntos capitales del proceso y que, desde un punto de vista histórico y jurídico, es problemático. Por vez primera se encuentra Jesús ante el máximo organismo oficial de su pueblo, que se reúne oficialmente para juzgarlo (anteriormente hubo otro encuentro, pero no fue oficial; véase 11,27-12,12). Marcos subraya la mala intención del tribunal. Unos falsos testigos acusan a Jesús de anunciar la destrucción del Templo (modo paradójico de presentar que tiene Marcos: ¿no dijo realmente Jesús esto? ¿Por qué, pues, es falso testimonio?). Jesús no responde. Sigue el interrogatorio del Sumo Sacerdote, la máxima autoridad religiosa del pueblo de Dios, que pregunta solemnemente a Jesús sobre su identidad de Mesías e Hijo del Bendito (en esta época se procuraba evitar pronunciar el nombre de Yahvé y se sustituía con calificativos, como "Bendito", en este texto, y "Poder" en el v. 62, ambas veces en labios de Jesús). Es un momento cumbre en la revelación de Jesús, en que cesa el secreto mesiánico. Jesús afirma ser el

Mesías, Hijo del Bendito, o Hijo de Dios, pero de una forma que determina el contexto en que se encuentra, en la pasión (véase 1,1, los dos títulos que se atribuyen a Jesús en el comienzo de la obra). Esta pasión será el comienzo de su exaltación-parusía, a la que está sujeto el tribunal que lo juzga, que verá «al Hijo del hombre sentado a la diestra del Poder y venir entre las nubes del cielo» (véase Dn 7,13-14; Sal 110,1 y Mc 13,26). El pontífice considera blasfema esta respuesta y el tribunal lo condena a muerte. De nuevo el motivo del contraste y la paradoja. En la escena reaparecen los dos motivos que van a determinar la muerte de Jesús, su postura ante el templo de Jerusalén y su pretensión de ser Hijo de Dios, motivos que ya aparecieron en la sección anterior (capítulos 11-13).

Algunos (Marcos no especifica quiénes) se burlan de Jesús con motivo de su declaración mesiánica, ya que en algunos círculos se identificaba al mesías con el profeta que había de venir (véase Dt 18,15). Por su parte, los soldados encargados de custodiarlo el resto de la noche lo recibieron a golpes (véase Is 50,6, que habla de los ultrajes inferidos al Siervo de Yahvé).

Negaciones de Pedro (14,66-72)
(Mt 26,69-75; Lc 22,55-62; Jn 18,15-18.25-27)

[66]Estando Pedro abajo en el patio, llega una de las criadas del Sumo Sacerdote [67]y, al ver a Pedro calentándose, le mira atentamente y le dice: «También tú estabas con Jesús de Nazaret.» [68]Pero él lo negó: «Ni sé ni entiendo qué dices», y salió afuera, al portal, y cantó un gallo. [69]Le vio la criada y otra vez se puso a decir a los que estaban allí: «Este es uno de ellos.» [70]Pero él lo negaba de nuevo. Poco después, los que estaban allí volvieron a decir a Pedro: «Ciertamente eres de ellos pues además eres galileo.» [71]Pero él se puso a echar imprecaciones y a jurar: «¡Yo no conozco a ese hombre de quien habláis!» [72]Inmediatamente cantó un gallo por segunda vez. Y Pedro recordó lo que le había dicho Jesús: «Antes que el gallo cante dos veces, me habrás negado tres.» Y rompió a llorar.

Pedro niega a Jesús por tres veces cobardemente, mientras Jesús, valientemente y jugándose la vida, estaba dando testimonio de su persona y misión. Pedro –siempre con su nombre teológico–, había seguido a Jesús «desde lejos», pero en el momento de la dificultad lo niega. Marcos subraya la fuerza de la negación de este discípulo (véase 14,71), que tenía una misión especial dentro del grupo llamado a la intimidad; pero también nos dice que recordó lo que le había anunciado Jesús y que lloró. Por este arrepentimiento, tendrá la posibilidad de volver y será convocado a Galilea. La construcción de la escena es oscura, ya que el gallo canta después de la primera negación y Pedro sale fuera; pero en la segunda y tercera da la impresión de que Pedro sigue dentro, pues le habla de nuevo la misma criada y también los que estaban presentes. Posiblemente Marcos reelaboró un relato primitivo que sólo hablaba de una negación, con canto del gallo y salida, combinándolo con otras tradiciones para llegar a tres negaciones, número perfecto.

Jesús ante Pilato (15,1-15)
(Mt 27,1-2.11-26; Lc 22,66; 23,1-5.13-25; Jn 18,28-19,1; 19,4-16)

15 ¹Pronto, al amanecer, prepararon una reunión los sumos sacerdotes con los ancianos, los escribas y todo el Sanedrín y, después de haber atado a Jesús, le llevaron y le entregaron a Pilato. ²Pilato le preguntaba: «¿Eres tú el rey de los judíos?» Él le respondió: «Sí, tú lo dices.» ³Los sumos sacerdotes le acusaban de muchas cosas. ⁴Pilato volvió a preguntarle: «¿No contestas nada? Mira de cuántas cosas te acusan.» ⁵Pero Jesús no respondió ya nada, de suerte que Pilato estaba sorprendido.

⁶Cada Fiesta les concedía la libertad de un preso, el que pidieran. ⁷Había uno, llamado Barrabás, que estaba encarcelado con aquellos sediciosos que en el motín habían cometido un asesinato. ⁸Subió la gente y se puso a pedir lo que les solía conceder. ⁹Pilato les contestó: «¿Queréis que os suelte al rey de los judíos?» ¹⁰Pues se daba cuenta de que los sumos sacerdotes le habían entregado por envidia. ¹¹Pero los sumos sacerdotes incitaron a la gente a que dijeran que les soltase más bien a Barrabás. ¹²Pero Pilato les decía otra vez: «Y ¿qué voy a hacer con el que llamáis el rey de los judíos?» ¹³La gente volvió a gritar: «¡Crucifícale!» ¹⁴Pilato les decía: «Pero ¿qué mal ha hecho?» Pero ellos gritaron con más fuerza:

«¡Crucifícale!» [15]Pilato, entonces, queriendo complacer a la gente, les soltó a Barrabás y entregó a Jesús, después de azotarle, para que fuera crucificado.

La sesión diurna del sanedrín (15,1) sirve de conclusión y transición al proceso romano. ¿Se reúnen con la finalidad de ratificar legalmente lo acordado en la sesión nocturna, que no tenía valor legal? Marcos subraya la "entrega" oficial del sanedrín a Pilato.

El proceso romano consta de dos escenas y está centrado en la realeza de Jesús. La primera escena es el interrogatorio de Pilato. El sanedrín, para interesar a Pilato, traduce el título "Mesías" a términos inteligibles por un gentil: "Rey de los judíos", título ambiguo y políticamente peligroso. Pilato pregunta a Jesús si es verdad que es rey de los judíos. El «tú lo has dicho» de Jesús tiene como finalidad subrayar la ambigüedad de la pregunta, que Jesús ni afirma ni niega. Los pontífices aparecen muy activos en la causa contra Jesús. Pilato lo invita a defenderse, pero Jesús ya no hablará nada hasta el grito de la cruz. Por ello el gobernador se maravillará ante este silencio misterioso, que lo desconcierta (véase Is 53,7).

La segunda escena es la confrontación con Barrabás (15,6-15). La gente *sube* al pretorio (el dato sugiere que se encontraba en lugar alto, lo cual se justifica mejor tratándose de la colina occidental, donde se hallaba el antiguo palacio de Herodes el Grande) para pedir el indulto de un preso, sin pensar en el caso de Jesús. Pilato aprovecha la ocasión para proponer el indulto de Jesús y librarse así de este caso embarazoso; pero los sumos sacerdotes desbaratan la maniobra contraponiéndole el nombre de Barrabás. Marcos destaca, por una parte, el contraste paradójico entre el justo y el criminal: el Justo va a morir en lugar del criminal, hecho que anuncia el carácter sustitutivo que va a tener esta muerte. Por otra parte, destaca la envidia de los pontífices, que manejan al pueblo. Ellos ponen las ideas y el pueblo los gritos. Así el rey de los judíos es rechazado por su pueblo y el débil Pilato lo "entrega" a la crucifixión, «después de azotarle» (nótese cómo Marcos no subraya los aspectos dolorosos, aludiendo a la flagelación en una oración temporal). La flagelación tenía como finalidad debilitar al reo de forma que la muerte en cruz fuese mas rápida. No está atestiguado históricamente el dato de que Pilato liberase cada fiesta de Pascua un preso. Hay autores que opinan que la redacción de Marcos es ambigua y que se podría traducir a la luz del sustrato arameo de esta forma: *por la fiesta les iba a conceder la libertad a un preso que habían pedido*. Según esta interpretación, se trataría de un caso singular.

Coronación de espinas (15,16-20)
(Mt 27,27-31; Jn 19,1-3)

[16]Los soldados le llevaron dentro del palacio, es decir, al pretorio y llaman a toda la cohorte. [17]Le visten de púrpura y, trenzando una corona de espinas, se la ciñen. [18]Y se pusieron a saludarle: «¡Salve, rey de los judíos!» [19]Y le golpeaban en la cabeza con una caña, le escupían y, doblando las rodillas, se postraban ante él. [20]Cuando se hubieron burlado de él, le quitaron la púrpura, le pusieron sus ropas y le sacan fuera para crucificarle.

El relato de la crucifixión y muerte es el culmen de la revelación de Jesús, junto con la proclamación de la resurrección. Es un relato sobrio, en el que no se subrayan los aspectos sangrientos. Marcos destaca los contrastes paradójicos.

Los soldados se burlan de Jesús como rey, de acuerdo con el tema central de este proceso (véase antes los criados del sanedrín). Desde la experiencia histórica todo es una burla, pero desde la fe es una realidad: en la pasión Jesús se está haciendo rey.

El camino de la cruz (15,21-22)
(Mt 27,32-33; Lc 23,26; Jn 19,17)

[21]Y obligaron a uno que pasaba, a Simón de Cirene, que volvía del campo, el padre de Alejandro y de Rufo, a que llevara su cruz. [22]Le conducen al lugar del Gólgota, que quiere decir: Calvario.

Simón de Cirene, una de las ciudades de la Cirenaica, en el norte de África, es obligado a llevar la cruz en este momento, lo que sugiere que hasta ahora la llevaba Jesús. Realmente los reos sólo cargaban con el madero transversal, pues el horizontal solía estar ya clavado en tierra. La alusión a los hijos de Simón supone que era un personaje conocido o, al menos, sus hijos (Rm 16,13 cita a un Rufo, que posiblemente sea uno de ellos), y se le presenta como testigo de la crucifixión.

La Crucifixión (15,23-[28]
(Mt 27,34-38; Lc 23,33-34; Jn 19,18-24)

²³Le daban vino con mirra, pero él no lo tomó. ²⁴Le crucifican y se reparten sus vestidos, echando a suertes a ver qué se llevaba cada uno. ²⁵Era la hora tercia cuando le crucificaron. ²⁶Y estaba puesta la inscripción de la causa de su condena: «El rey de los judíos.» ²⁷Con él crucificaron a dos salteadores, uno a su derecha y otro a su izquierda*[²⁸].

V. 27 Adición v. 28: «Y se cumplió la Escritura que dice: Ha sido contado entre los malhechores (Is 53,12)». Véase Lc 22,37.

A modo de anestesia, se solía dar al reo vino con mirra, una gomorresina procedente de un árbol de Arabia. El dato de que Jesús no lo tomara sugiere que quiere morir conscientemente. El reparto de ropas alude al salmo 22,18s, oración de un justo oprimido. Al afirmar que era la hora tercia (nueve de la mañana o, en sentido mas amplio, el tiempo entre las nueve y el mediodía) cuando lo crucificaron, introduce Marcos un esquema horario, que seguirá a continuación (véase la alusión a sexta y nona) y que posiblemente se inspira en el lenguaje apocalíptico, que a veces describe los acontecimientos finales reseñando minuciosamente lo que sucederá en las horas inmediatas anteriores al comienzo del Día de Yahvé, cuando Dios comienza a derrotar triunfalmente a los enemigos y a instaurar su reino. De esta forma, sugiere Marcos que la crucifixión pertenece paradójicamente a la consumación final y que tiene un sentido dentro del plan de Dios. El título sobre la cruz evoca de nuevo la paradoja de la realeza de Jesús, al igual que el dato de los malhechores crucificados con él (el v. 28 es una glosa y no es auténtico).

Jesús en cruz ultrajado (15,29-32)
(Mt 27,39-44; Lc 23,35-37)

²⁹Y los que pasaban por allí le insultaban, meneando la cabeza y diciendo: «¡Eh, tú!, que destruyes el Santuario y lo levantas en tres días, ³⁰¡sálvate a ti mismo bajando de la cruz!» ³¹Igualmente los sumos sacerdotes se burlaban entre ellos junto con los escribas

diciendo: «A otros salvó y a sí mismo no puede salvarse. [32]¡El Cristo, el rey de Israel!, que baje ahora de la cruz, para que lo veamos y creamos.» También le injuriaban los que con él estaban crucificados.

Las burlas están relacionadas con los dos motivos de la condena a muerte: las palabras sobre la destrucción del templo y el presentarse como Mesías. Al primero se refieren los transeúntes, que se burlan de Jesús como «el-que-está-destruyendo-y-reedificando-el-Templo». Marcos presenta de forma paradójica la burla, formulada en participio de presente: ahora, en este momento está realizando la acción y se le puede designar con ella. Es una burla desde la experiencia, pero verdad desde la fe. Por eso Jesús no se salva, bajando de la cruz. A su vez, los pontífices se burlan del que se ha confesado Mesías-Rey y le piden igualmente que baje de la cruz para que crean. Jesús se quedará en ella, haciendo así de la cruz un motivo de credibilidad. También se burlan los que estaban crucificados con él. Jesús aparece así solo, rodeado por la burla y el desprecio de todos, incluso de sus compañeros de suplicio.

Muerte de Jesús (15-33-39)
(Mt 27,45-54; Lc 23,44-47; Jn 19,28-30)

[33]Llegada la hora sexta, hubo oscuridad sobre toda la tierra hasta la hora nona. [34]A la hora nona gritó Jesús con fuerte voz: *«Eloí, Eloí, ¿lemá sabactaní?»*, –que quiere decir– *«¡Dios mío, Dios mío! ¿por qué me has abandonado?»* [35]Al oír esto algunos de los presentes decían: «Mira, llama a Elías.» [36]Entonces uno fue corriendo a empapar una esponja en vinagre y, sujetándola a una caña, le ofrecía de beber, diciendo: «Dejad, vamos a ver si viene Elías a descolgarle.» [37]Pero Jesús lanzando un fuerte grito, expiró. [38]Y el velo del Santuario se rasgó en dos, de arriba abajo. [39]Al ver el centurión, que estaba frente a él, que había expirado de esa manera, dijo: «Verdaderamente este hombre era hijo de Dios.»

La hora de sexta en el lenguaje apocalíptico es la hora del juicio de Dios y de la liberación (Am 8,9), pero para Jesús es hora de tiniebla y la vive como opresión, sintiéndose psicológicamente abandonado por el Padre. Sin embargo, en su soledad se aferra a él y en la hora nona, que en el computo apocalíptico designa la inminencia del triunfo final, grita con todas las fuerzas su abandono con las palabras del salmo 22,1, en arameo, oración del que se siente abandonado por Dios, pero que sigue confiando ciegamente en su acción salvadora. En arameo "Dios mío" es *Elahi*, pero Marcos lo transcribe *Eloi*, quizá bajo la influencia del hebreo *Elohim*. El grito muestra de nuevo la paradoja. Dos oraciones enmarcan así la pasión de Jesús: Getsemaní y ésta, que sugieren confianza filial y abandono, cercanía y lejanía de Dios. La reacción de los presentes marca el contraste: no entienden el sentido del grito, que confunden con una llamada al profeta Elías, *eliyahu* en hebreo. Y Jesús, dando una fuerte voz, expiró. Después de la muerte, reaparecen los dos motivos de la condena de Jesús, ahora como signos que explican el sentido. El velo rasgado del templo certifica la verdad de la obra de Jesús, el-que-destruye-y-edifica-el-templo. La confesión del centurión romano, prototipo del lector de Marcos, reconoce al hombre Jesús como Hijo de Dios «al ver... que había expirado de esa manera». La cruz es así la gran revelación de Jesús, que confirma los títulos dados en Mc 1,1.11 Los discípulos han huido y no están presentes en ella.

Las santas mujeres en el Calvario (15,40-41)
(Mt 27,55-56; Lc 23,49; Jn 19,25)

[40]Había también unas mujeres mirando desde lejos, entre ellas, María Magdalena, María la madre de Santiago el menor y de Joset, y Salomé, [41]que le seguían y le servían cuando estaba en Galilea, y otras muchas que habían subido con él a Jerusalén.

Al contrario de los Doce, llamados-para-estar-con-el, que huyeron, estas tres discípulas, réplica de los tres discípulos predilectos, que han seguido y servido a Jesús cuando estaba en Galilea, han estado presentes en la muerte y son testigos de este hecho real. La segunda mujer de nombre María es madre de Santiago el menor y de Joset, que en Mc 6,3 aparecen como hermanos de Jesús, es decir, como parientes a la luz de este dato. Salomé es identificada por Mateo con la madre de los Zebedeos.

Sepultura de Jesús (15,42-47)
(Mt 27,57-61; Lc 23,50-55; Jn 19,38-42)

[42]Y ya al atardecer, como era la Preparación, es decir, la víspera del sábado, [43]vino José de Arimatea, miembro respetable del Consejo, que esperaba también el Reino de Dios, y tuvo la valentía de entrar donde Pilato y pedirle el cuerpo de Jesús. [44]Se extrañó Pilato de que ya estuviese muerto y, llamando al centurión, le preguntó si había muerto hacía tiempo*. [45]Informado por el centurión, concedió el cuerpo a José, [46]quien, comprando una sábana, lo descolgó de la cruz, lo envolvió en la sábana y lo puso en un sepulcro que estaba excavado en roca; luego, hizo rodar una piedra sobre la entrada del sepulcro. [47]María Magdalena y María la de Joset se fijaban dónde era puesto.

V. 44 Variante: «si efectivamente había muerto ya».

Los discípulos han huido; sólo tiene la audacia de reclamar y enterrar el cadáver un simpatizante, implícitamente discípulo, pues «esperaba también el Reino de Dios». El relato subraya la realidad de la muerte. El Consejo, del que era miembro respetable José de Arimatea, era el Sanedrín. Dos de las tres mujeres mencionadas en 15,40 son también testigos. El dato prepara el relato siguiente.

3. PROCLAMACIÓN DE LA RESURRECCIÓN

El sepulcro vacío. Mensaje del ángel (16,1-8)
(Mt 28,1-8; Lc 24,1-10; Jn 20,1-10)

16 [1]Pasado el sábado, María Magdalena, María la de Santiago y Salomé compraron aromas para ir a embalsamarle. [2]Y muy de madrugada, el primer día de la semana, a la salida del sol*, van al sepulcro. [3]Se decían unas a otras: «¿Quién nos retirará la piedra de la puerta del sepulcro?» [4]Y levantando los ojos ven que la piedra estaba ya retirada; y eso que era muy grande. [5]Y entrando en el sepulcro vieron a un joven sentado en el lado derecho, vestido con una túnica blanca, y se asustaron. [6]Pero él les dice: «No os asustéis. Buscáis a Jesús de Nazaret, el Crucificado; ha resucitado, no está aquí. Ved el lugar donde le pusieron. [7]Pero id a decir a sus discípulos y a Pedro que irá delante de vosotros a Galilea; allí le veréis, como os dijo.» [8]Ellas salieron huyendo del sepulcro, pues un gran temblor y espanto se había apoderado de ellas, y no dijeron nada a nadie porque tenían miedo...

V. 2 Variante: «habiendo salido el sol».

La finalidad del relato no es contar el hecho de la resurrección de Jesús, que no se narra en todo el NT, sino presentar uno de los momentos en que se proclama el misterio que ya ha sucedido. Comienza con una nueva paradoja: las mujeres van al sepulcro con un proyecto caritativo, preocupadas por la piedra grande, y se encuentran con lo inesperado, la proclamación de la resurrección. El kerygma pascual se conoce por revelación de Dios y por la fe, no como consecuencia de la piedra removida ni del sepulcro vacío, que son hechos ambiguos que, en este contexto, sólo subrayan el poder de Dios. El joven vestido de blanco es el enviado de Dios, y el temor de las mujeres muestra la reacción humana ante la presencia de lo celestial: ambos elementos muestran que el mensaje viene de Dios. Dios quiere revelar el misterio, por eso "no hay que temer" ante su revelación. El kerygma se proclama con una fórmula antitética, como las que usa la comunidad primitiva: buscan al hombre histórico Jesús de Nazaret, el Crucificado; pero ¡ha resucitado! y, por eso, no está aquí. Pueden ver el sitio donde lo colocaron. Sigue el mandato de avisar a Pedro y a todos los demás discípulos que vayan a Galilea, donde lo podrán "ver". Galilea es un lugar geográfico-teológico: el lugar donde actuó y se reveló Jesús en la debilidad durante su ministerio y el lugar donde continúa actuando eficazmente ahora, resucitado, pero también en aparente debilidad. Los discípulos, que lo han abandonado, reciben una nueva invitación de seguir a Jesús. Deben de "ir a Galilea" y "ver" allí al Resucitado para ser testigos, reanudar el estar-con-él y seguirle sin temor, actualizando el seguimiento en la misión entre dificultades. Pero para ello deben aceptar el nuevo orden de valores proclamado por Jesús con su muerte y resurrección.

Las mujeres, llenas de espanto, no dicen nada. De acuerdo con los mejores manuscritos, el relato de Marcos termina aquí con la información del silencio de las mujeres, pero no hay acuerdo sobre el motivo. ¿No pudo terminar Marcos su relato? ¿Lo terminó con el relato de una aparición en Galilea, de forma parecida a Mateo (véase Mt 28,16-20), pero se ha perdido el final? ¿Terminó así deliberadamente? Posiblemente Marcos deja conscientemente la obra incompleta, sin narrar ninguna aparición final, a pesar de que conoce por la tradición que Jesús se apareció a Pedro y a los discípulos y que a través de su testimonio les ha llegado la fe. Con ello invita al lector a completar el relato con su propia experiencia personal de seguimiento a Jesús, superando el temor, yendo a Galilea, "viendo" a Jesús y dando testimonio de él. Sólo así se puede conocer a Jesús-Evangelio, que es el objetivo de esta catequesis.

APÉNDICE
(16,9-20)

Apariciones de Jesús resucitado* (16,9-20)

[9]Jesús resucitó en la madrugada, el primer día de la semana, y se apareció primero a María Magdalena, de la que había echado siete demonios. [10]Ella fue a comunicar la noticia a los que habían vivido con él, que estaban tristes y llorosos. [11]Ellos, al oír que vivía y que había sido visto por ella, no creyeron. [12]Después de esto, se apareció, bajo otra figura, a dos de ellos cuando iban de camino a una aldea. [13]Ellos volvieron a comunicárselo a los demás; pero tampoco creyeron a éstos. [14]Por último, estando a la mesa los once discípulos, se les apareció y les echó en cara su incredulidad y su dureza de corazón, por no haber creído a quienes le habían visto resucitado*. [15]Y les dijo: «Id por todo el mundo y proclamad la Buena Nueva a toda la creación. [16]El que crea y sea bautizado, se salvará; el que no crea, se condenará. [17]Estos son los signos que acompañarán a los que crean: en mi nombre expulsarán demonios, hablarán en lenguas nuevas, [18]agarrarán serpientes en sus manos y aunque beban veneno no les hará daño; impondrán las manos sobre los enfermos y se pondrán bien.»

[19]Con esto, el Señor Jesús, después de hablarles, fue elevado al cielo y se sentó a la diestra de Dios.

[20]Ellos salieron a predicar por todas partes, colaborando el Señor con ellos y confirmando la Palabra con los signos que la acompañaban.

Otros manuscritos ofrecen un final breve: «Ellas refirieron brevemente a los compañeros de Pedro lo que se les había anunciado. Luego, el mismo Jesús hizo que ellos llevaran, desde el oriente hasta el poniente, el mensaje sagrado e incorruptible de la salvación eterna».

Uno de los manuscritos que dan el final largo intercala entre los vv. 14 y 15 este fragmento, llamado "logion de Freer": «Y éstos alegaron en su defensa: Este siglo de iniquidad y de incredulidad está bajo el dominio de Satán, que no deja que los que están bajo el yugo de los espíritus impuros reciban la verdad y el poder de Dios; manifiesta, pues, ya desde ahora tu justicia. Esto es lo que decían a Cristo y Cristo respondió: El término de los años del poder de Satán se ha cumplido, pero otras cosas terribles se acercan. Y yo he sido entregado a la muerte por los que pecaron, para que se conviertan a la verdad y no pequen mas, a fin de que hereden la gloria espiritual e incorruptible de justicia que esta en el cielo». Posiblemente se trata de una adición al final largo hecha en el siglo II o III para suavizar la severa condena de 16,14».

Este texto, conocido como el final largo, falta en los manuscritos más importantes, como el Vaticano y el Sinaítico, por lo que la critica textual lo considera un apéndice, añadido muy pronto al final problemático de Marcos, pues ya está atestiguado en el segundo tercio del siglo II. Aunque no pertenece a Marcos, se considera canónico, es decir, perteneciente a la Sagrada Escritura y, por ello, es un texto inspirado que contiene la palabra de Dios (Concilio de Trento, *Decretum de canonicis Scripturis*, de 8 de abril de 1546; véase EB 60; 396; DV 11). En cuanto a su origen, no hay una explicación clara aceptada por todos. Tiene paralelos en Jn 20,11-18 (aparición a María Magdalena), Lc 24,13-35 (discípulo de Emaús), Lc 24,36-49; Jn 20,19-23; Mt 28,18-20 (comida y misión); Lc 24,50-53 (ascensión). Según algunos autores, el apéndice depende y resume los relatos de Juan, Lucas y Mateo, pero según otros es independiente y procede de una fuente común. En primer lugar, se alude a la aparición a María Magdalena, de la que había arrojado siete demonios, es decir, la había librado de una difícil enfermedad física. A continuación se alude a la aparición de los discípulos de Emaús; en tercer lugar, se recuerda la aparición a los Once con el mandato misionero universal. Finalmente se narra brevemente la ascensión y se alude al comienzo de la misión universal. Además del final largo, otros manuscritos del siglo IV, pero cuyo texto se remonta con toda probabilidad al siglo II, presentan un final breve (véase en las notas de crítica textual) y otros el final largo y el breve.

BIBLIOGRAFÍA BÁSICA

ALONSO, J., "Evangelio de Marcos", en J. LEAL (ed.), *La Sagrada Escritura. I: NT*, Madrid 1961.

BRAVO GALLARDO, C., *Jesús, hombre en conflicto. El relato de Marcos en América Latina*, Santander 1986.

CASTRO SÁNCHEZ, S., *El sorprendente Jesús de Marcos. El evangelio de Marcos por dentro*, Bilbao 2005.

DELORME, J., *El evangelio según san Marcos* (CB 15), Estella 1968. Original francés.

ERNST, J., *Il Vangelo secondo Marco*, 2 vols., Brescia 1991. Original alemán.

GNILKA, J., *El evangelio según san Marcos*, 2 vols., Salamanca 1986/7. Original alemán.

LÉGASSE, S., *L'Évangile de Marc*, 2 vols., París 1997.

LENTZEN-DEIS, F., Comentario al evangelio de Marcos. Modelo de nueva evangelización

MAGGIONI, B., *El relato de Marcos*, Madrid 1981. Original italiano.

PESCH, R., *Il Vangelo di Marco*, 2 vols., Brescia 1980. Original alemán.

SCHNACKENBURG, R., *El evangelio según san Marcos*, 2 vols., Barcelona 1969. Original alemán.

TAYLOR, V., *El evangelio según san Marcos*, Madrid 1980. Original inglés.

COLECCIÓN
COMENTARIOS A LA BIBLIA DE JERUSALÉN

CONSEJO ASESOR:
Víctor Morla y Santiago García

ANTIGUO TESTAMENTO

1A. Génesis 1-11, *por José Loza*

1B. Génesis 12-50, *por José Loza*

2. Éxodo, *por Félix García López*

3. Levítico, *por Juan Luis de León Azcárate*

13A. Salmos 1-41, *por Ángel Aparicio*

13B. Salmos 42-72, *por Ángel Aparicio*

15A. Job 1-28, *por Víctor Morla Asensio*

19A. Isaías 1-39, *por Francesc Ramis Darder*

22. Daniel, *por Gonzalo Aranda*

NUEVO TESTAMENTO

1A. Evangelio de Mateo, *por Antonio Rodríguez Carmona*

1B. Evangelio de Marcos, *por Antonio Rodríguez Carmona*

5. Corpus Paulino II. Efesios, Filipenses, Colosenses, 1-2 Tesalonicenses, Filemón y Cartas Pastorales: 1-2 Timoteo, Tito, *por Federico Pastor*

6. Carta a los Hebreos, *por Franco Manzi*

8. Apocalipsis, *por Domingo Muñoz León*

Este libro se terminó
de imprimir
en los talleres de
Publidisa, S.A., en Sevilla,
el 21 de febrero de 2008.

Made in the USA
Lexington, KY
29 October 2011